Anna Mandus
Licht und Schatten in Namibia

Anna Mandus
Licht und Schatten in Namibia

Alltag in einem Traumland

PALMATO Publishing Hamburg

ISBN 978-3-946205-00-5

4. Auflage 2019
Originalausgabe

Umschlaggestaltung: Paperlux, Hamburg
Umschlagfoto: © Anna Mandus
Layout, Satz und Produktion: Albrecht-Q GmbH, Hamburg
Druck und Verarbeitung: CPI books GmbH, Leck, Germany
Papier: 90 g/qm Munken Premium Cream FSC®

Informationen über das aktuelle Programm
von Palmato Publishing unter
www.palmato-publishing.com

FSC
MIX
Papier
FSC® C083411

*Für meine Familie, die immer für mich da war,
wenn ich von neuen Ufern zurückkehrte.*

Namibias Regionen

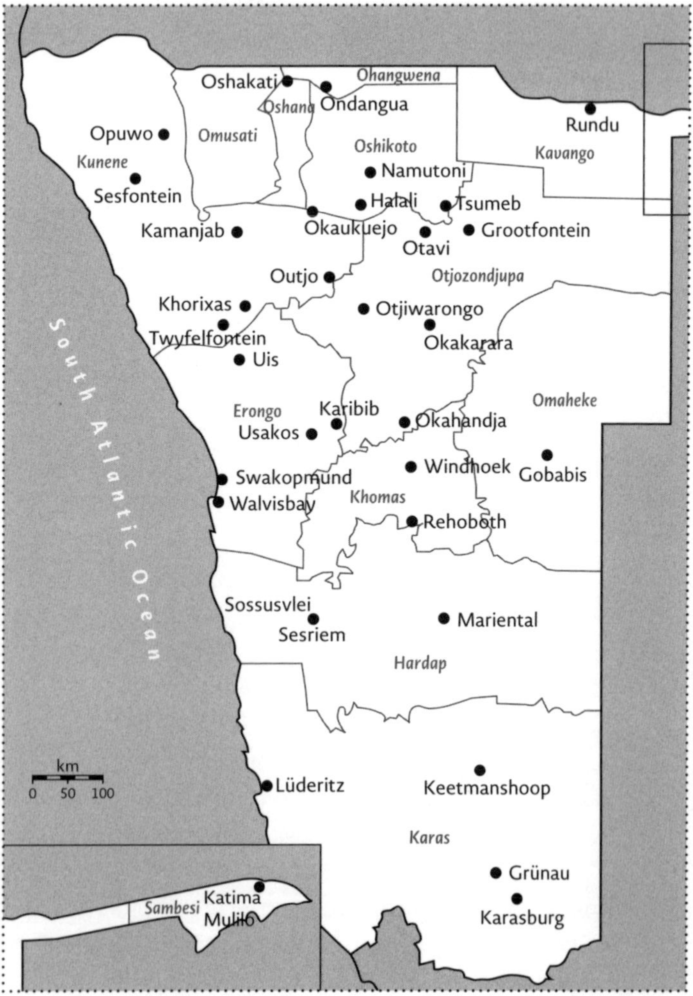

Inhalt

Vorwort 11

Einmal Schwarzwälder Kirschtorte, bitte
Warum der deutsch-koloniale Einfluss so viel größer ist, als man bei nur dreißig Jahren Kolonialzeit vermuten könnte. Und: Wo hinterließen die Südafrikaner ihre Spuren? 13

Habt Ihr schwarze Freunde?
Wie schnell man als Rassist gilt. Und: Wie funktioniert das Miteinander der Nationen im namibischen Alltag? 18

Ein lekker Braai
Warum es gar nicht so einfach ist, die richtige Wurst auf den Grill zu legen. Und: Worum geht's beim Braai wirklich? 25

Kein Land für Vegetarier
Warum Trüffel den Pflanzenesser nicht über die Runden bringen. Und: Was essen die Namibier am liebsten – zuhause oder unterwegs? 33

Weihnachten in Swakopmund
Warum es einfach schön ist, da zu sein, wo alle sind. Und: Schon mal Langarm getanzt? 42

Danke fürs Essen
Welche Freuden man mit Jugendlichen in Namibia erleben kann. Und: Haben koloniale Werte eventuell doch Vorteile? 52

Der Knabe im Moor
Womit namibische Kinder im Deutschunterricht ihre Zeit verbringen. Und: Wofür qualifiziert Annette von Droste-Hülshoff? 59

Leben mit hohen Mauern
Warum es sicherer ist, wenn man fürs Fensterputzen etwas länger braucht. Und: Wo ist es gefährlich in Namibia und warum? 66

Glücklich ist ein deutscher Hund
Warum ein vierbeiniger Freund in Windhoek vieles leichter macht. Und: Übertreiben die Deutschen es wieder mal mit der Tierliebe? .. 79

Lust auf Rugby?
Wie ein harter Männersport die Kultur des Landes spiegelt. Und: Kann Sport zur Integration beitragen? 88

Die Chinesen sind da
Warum Chinesen und Namibier gemeinsame Interessen haben. Und: Was sucht China in Namibia? 95

Herr Bergmann weiß es ganz genau
Warum viele Klischees wahr sind – im Gegensatz zu den Vorurteilen. Und: Was ist dran an den „armen Schwarzen“ und den „bösen Jägern“? 107

Moderne Nomaden
Warum Campen in Namibia mit nichts zu vergleichen ist. Und: Werden die ursprünglichen Nomaden irgendwann auch davon profitieren? 119

Alcohol kills
Warum die Geschichte von Sandra und Erwin kein Einzelfall ist. Und: Was macht Namibia gegen sein Suchtproblem? 135

Regen statt Regierungskrise
Warum Regen nicht einfach nur Regen ist. Und: Wie lange ist das Nass ein Grund zur Freude? 142

Treffpunkt Superspar
Worum es beim Einkaufen in erster Linie geht. Und: Wo versorgen sich die Menschen in Katutura? 149

Kranksein ist nicht lustig
Warum ein vergleichsweise gutes Gesundheitssystem doch viel zu wünschen übrig lässt. Und: Wie bekommt man in Namibia eine Dialyse? 156

Hilfe, da ist eine Schlange!
Wann man aufpassen muss, wenn es krabbelt, schleicht und schwirrt. Und: Wie gefährlich sind Namibias Krabbeltierchen? 163

AIDS ist überall
Wo jeder Fünfte erkrankt, sitzt immer der Tod mit am Tisch. Und: Was macht die ständige Gefahr mit jungen Namibiern? 170

Knowledge is Power
Wie die Frauen Namibias sich zu einer neuen Elite formieren. Und: Was sind ihre wichtigsten Fragen? 179

Glossar 196

Dank 204

„... Meine Herren, was soll dieser ganze Zwist,
Ob der Kongo gesund oder ungesund ist?
Ich habe drei Jahre, von Krankheit verschont,
Am grünen und schwarzen Graben gewohnt,
Ich habe das Prachtstück unsrer Gossen,
Die Panke, dicht an der Mündung genossen
Und wohne nun schon im fünften Quartal
Noch immer lebendig am Kanal.
Hier oder da, nah oder fern
Macht keinen Unterschied, meine Herrn,
Und ob SIE'S lassen oder tun,
ICH gehe morgen nach Kamerun."

Theodor Fontane

Vorwort

Als ich 2008 nach Namibia zog, war das nicht meine erste Begegnung mit dem Leben in fernen Ländern. Ich hatte monatelang in den USA gelebt und in China und Taiwan studiert. Mit der Erfahrung, Fremdes kennenzulernen und selber fremd zu sein, war ich seit langem vertraut. Neu war für mich ein Land, das exotisch ist und doch – zumindest für einen kurzen Zeitraum – eng mit der deutschen Geschichte verknüpft war. Wohin ich kam, huschte ein wissendes Lächeln über die Gesichter: Ach, nach Südwest gehen Sie. So gut möchten wir es auch mal haben. Jeden Tag Safari.

Anfangs verliebte ich mich wie so viele in Namibias atemberaubende Weiten, in die Tiere und die Unmittelbarkeit der Natur. Was für Menschen hier lebten – davon hatte ich kaum eine Vorstellung. Ich konnte spontan keinen bedeutenden Namibier nennen. Einen Poeten, Künstler, Politiker, Sportler? Fehlanzeige.

Als ich blieb, wuchsen sie mir ans Herz, die Menschen, die die Bevölkerung Namibias ausmachen. Elf Nationalitäten aller Schattierungen zwischen Weiß und Tiefschwarz versuchen, dieses Land in die Moderne zu führen, mal gemeinsam, mal nebeneinander her.

Ich habe mir vorgenommen, ihren Alltag zu schildern. Ohne Schönfärberei und Scheuklappen will ich zeigen, was es ausmacht, in Namibia zu leben – heute, über zwanzig Jahre nach der Unabhängigkeit. Manches davon mag einen deutschen Leser befremden, der seine romantische Vorstellung von diesem wunderschönen Land möglichst rein und unbefleckt erhalten möchte. Das kann ich verstehen. Und doch finde ich, die Menschen in Namibia haben es verdient, dass wir auf alles schauen, auf die schönen wie auf die dunkleren Seiten ihres Lebens. Davon wird der Sonnenuntergang über der Kalahari nicht weniger atemberaubend.

Vier Jahre lang habe ich als deutsche Zugereiste mit Namibiern in Windhoek gelebt. Das hat meine Erlebnisse geprägt und den Ausschnitt der namibischen Gesellschaft bestimmt, von dem ich in diesem Band berichte. Das tägliche Leben aus der Sicht der schwarzen Namibier, der Armen und der neuen Elite ist dabei nicht ausreichend repräsentiert. Eine Fortsetzung, die diese Lücke füllt, ist geplant.

Noch eines: Namibia ist ein großes Land mit wenigen Einwohnern. Oft habe ich mich gefühlt wie in einem Dorf – jeder kennt jeden. Gerade weil alle in diesem Buch geschilderten Erlebnisse tatsächlich passiert sind, habe ich die Namen meiner Freunde und Bekannten geändert.

Anna Mandus,
im Sommer 2015

Einmal Schwarzwälder Kirschtorte, bitte

Warum der deutsch-koloniale Einfluss so viel größer ist, als man bei nur dreißig Jahren Kolonialzeit vermuten könnte. Und: Wo hinterließen die Südafrikaner ihre Spuren?

Namibia, das sei ja gar kein richtiges Afrika, sagen die Nachbarn meiner Eltern. Ihre Tochter war vor kurzem dort, und sie hat dort Schwarzwälder Kirschtorte gegessen. In Afrika! Maximal sei das ein „Afrika für Anfänger", vielleicht doch irgendwie immer noch eine deutsche Kolonie. Nicht Schwarzafrika, allenfalls ein Schwarzwälder-Kirschtorten-Afrika. Und nun soll gerade die Torte, dieses Überbleibsel der Kolonialgeschichte, als Einstieg für ein Buch über das heutige Namibia herhalten?

Warum nicht? Zum einen finde ich es bemerkenswert, dass man eine Sahnetorte in einem so heißen Land überall bekommen kann. Nicht nur in Windhoek oder in Swakopmunds berühmten Café Anton. Nein, auch in Klein Aus, im tiefen Süden, steht sie auf dem Speisezettel des Hotels und wird stolz zu Werbezwecken ins Internet gestellt. Allerdings ist Schwarzwälder Kirschtorte für die, die in Namibia leben, kein Alltagsessen. Nicht jede Woche, nicht einmal jeden Monat steht sie auf dem Kaffeetisch. Ich gönne sie mir immer in Swakopmund. Da ist das Wetter passender, deutscher, einfach sahnetortengeeigneter. Also esse ich sie nur an ein paar Tagen im Jahr. Und ich glaube, so geht es den meisten Namibiern auch.

Warum taugt die Torte also als Auftakt für ein Buch mit Geschichten aus dem namibischen Alltag? Vielleicht weil sie eine Metapher ist für die vielen Facetten dieses Landes. Zum einen für die Vorurteile hinsichtlich des deutsch-kolonialen Einflusses. Während fast jeder, der das erste Mal von Namibia spricht, an „Deutsch-Südwest" denkt, war die deutsche Kolonialzeit viel kürzer, als die meisten meinen. Sie dauerte nur rund dreißig Jahre – von 1884 bis 1915. Das war eine wechselvolle Zeit, in der die Deutschen u. a. die Grundlagen des Verwaltungs- und Verkehrssystems legten. Aber sie führten auch blutige Kriege mit denjenigen einheimischen Völkern, die sich dem kolonialen Joch nicht beugen wollten. Bis heute verfolgen die Gespenster von 65.000 toten Herero[1] die deutsche Politik – egal mit welchem Etikett man ihren Tod versieht.

Als der Erste Weltkrieg 1914 begann, wurden die Kolonien vom Krieg erfasst, obwohl Berlin zunächst beruhigend kabelte: „Schutzgebiete außer Kriegsgefahr". Man hatte wohl gehofft, die 1885 in der Berliner Kongo-Konferenz festgelegte Neutralität der Auslandsterritorien im Kongobecken würde auf Deutsch-Südwestafrika ausgedehnt werden. Ein Trugschluss: 1915 besetzten zuerst britische Truppen Namibia, 1919 wurde es Mandatsgebiet des Völkerbundes und im Folgejahr zur Verwaltung an

[1] Ethnische Gruppe in Namibia. Das halbnomadische Bantuvolk begann im 16. Jahrhundert, nach Namibia einzuwandern.

die Südafrikanische Union übergeben. Die behandelte das Land nahezu wie eine südafrikanische Provinz und gab es auch dann nicht mehr her, als ihr die UNO 1966 das Mandat entzog. Rund siebzig Jahre war der koloniale Einfluss in Namibia faktisch der Südafrikas. Die Buren[2] brachten Boerewors, die mit Koriander gewürzte Bratwurst, und Braai, die Grillkultur. Aber mit ihnen kam auch die Apartheid[3].

Und trotzdem ist Namibia bis heute im Verständnis der Weltöffentlichkeit zuallererst eine ehemalige deutsche Kolonie. Der Einfluss aus den ersten dreißig Kolonialjahren ist bis in unsere Tage sichtbar. Spuren davon finden wir im täglichen Leben: Mal ist es die Kirschtorte, mal erleben wir, wie bodenständige schwarze Mitbürger teutonische Vornamen wie Reinhild oder Siegfried in ihre Anmeldeformulare eintragen.

Die Torte zeigt auch, dass manche Vorurteile einen Funken Wahrheit haben – und doch haarscharf daneben liegen. Wahr ist: Es gibt hier noch germanische Einflüsse in der Kochkunst. Aber wenn ich einen bedeutenden Einfluss nennen sollte, dann wäre das nicht die viel besprochene Torte. Es wäre die Allgegenwart von nach deutschem Reinheitsgebot gebrautem Bier und – von Kartoffelbrei. Gute deutsche „Stampfkartoffeln" gibt es in vielen namibischen Restaurants als Beilage, zum Kudusteak[4] ebenso wie zum Oryxgulasch oder zum Rinderfilet. Immer werden sie

2 Die Nachfahren der ersten Siedler, die ab 1652 mit Jan von Riebeck und der Vereinigten Ostindischen Kompanie Südafrika besiedelten.

3 System der Rassentrennung im öffentlichen und privaten Leben, das in Südafrika bis 1994 herrschte. Während der Zeit der südafrikanischen Verwaltung galten die Apartheidgesetze auch im damaligen Südwestafrika.

4 Kudu, Oryx und Springbock sind die Antilopenarten, die man am häufigsten auf dem namibischen Speiseplan findet.

frisch zubereitet aus selbst geschälten und selbst gestampften Kartoffeln, liebevoll angemacht mit Butter, Milch und geheimen Zutaten. Kartoffelbrei ist ein Relikt der Kolonialzeit, das der Namibier – anders als die Schwarzwälder Delikatesse – vermutlich jede Woche mehrmals genießt.

Boerewors mit Stampfkartoffeln könnten also kulinarisch für Namibias koloniales Erbe stehen. Warum spricht dann jeder über die Torte? Zugegeben, der Kartoffelbrei ist sehr schlicht anzuschauen. Blassgelb und pampig ist er der Schwarzwälder Kirschtorte visuell klar unterlegen. Und sie ist geradezu ein Symbol für das heutige Namibia: unglaublich lecker, aber doch aufs Ganze gesehen – weltpolitisch sozusagen – von eher untergeordneter Bedeutung. Dazu kommt ihre Mischung aus braunen und weißen Schichten, die erst zusammen ein harmonisches Ganzes ergeben. Als krönender Abschluss geben ihr darüber gestreute tiefschwarze Bitterschokoladestückchen die typische Farbe.

„Aber die Kirschen?", werden Sie jetzt fragen. „Wir haben ja sofort verstanden, dass die Torte mit ihren braunen, weißen und schwarzen Elementen als Sinnbild dienen kann. Eine Metapher für die vielschichtige, gemischte und dabei doch getrennte, nebeneinander und miteinander existierende, ethnisch diversifizierte Bevölkerung Namibias. Nur: Was ist mit den Kirschen?"

Darauf gibt es keine einfache Antwort. Sollen sie das Blut darstellen, die Gewalt, die ein Teil dieses Landes war und ist, damals in der Kolonialzeit und auch heute noch? Die wir sozusagen in einer dunkelroten Schicht tief im Kuchen verbergen, damit die Touristen weiterhin kommen? Wer hier leben will, muss mit ihnen leben lernen. Sind die Kirschen das Blut dieses Landes?

Nein. Für mich sind die Kirschen das Symbol für all die Schönheiten, die dieses Land zu bieten hat. Die Hellroten oben drauf für die wunderbaren Sonnenuntergänge, wie blutrote Feuerbälle über der Wüste, die zarten Farben am Abendhimmel. Die süße, saftige Schicht, die sich tief in der Torte verbirgt, kann für jeden das sein, was er hier sucht. Für die Bodenschätze, die Namibias Steingrund tief in sich verborgen hat und nun langsam preisgeben muss. Für die begeisternde Tierwelt, die alle verbindet, die je in Namibia waren, die atemberaubenden Felsformationen, die Geheimnisse der Namib-Wüste.

Für mich steht die Kirschenschicht für die vielen beglückenden Momente des Alltags: die glutroten Kohlen am abendlichen Braai[5], die erhitzten Gesichter der Jugendlichen beim Rugbyturnier, die bunten Kleider und Kopftücher der Herero- und Namafrauen[6] und und und ...

Einmal Schwarzwälder Kirschtorte, bitte. Wir wollen von Namibia erzählen.

---

[5] Afrikaans für „Grill“ bzw. „grillen“. Eine der beliebtesten Freizeitbeschäftigungen der Namibier.

[6] Ethnische Gruppe in Namibia. Die khoisansprechenden Nama, in der Kolonialzeit als „Hottentotten“ bezeichnet, wanderten im 18. und 19. Jahrhundert aus der Kapregion ein.

Habt Ihr schwarze Freunde?

Wie schnell man als Rassist gilt. Und: Wie funktioniert das Miteinander der Nationen im namibischen Alltag?

„Habt Ihr schwarze Freunde?", werde ich oft gefragt. Natürlich ist das für meine Verwandten eine naheliegende Frage. Sie wollen herausfinden, wie fortschrittlich dieses Land ist, in dem ich jetzt lebe und von dem die meisten nur das eine wissen, dass es früher eine deutsche Kolonie war. Wie kolonial die namibische Gesellschaft heute noch ist, wie weit entfernt von Rassenfeindschaft und -unruhen, wollen sie hören. Wenn ich sage: „Nein, haben wir nicht", sehe ich förmlich, wie sich etwas in ihren Gesichtern verändert, wie die „Rassismusklappe" fällt: Wir haben versagt. Keine schwarzen Freunde! In einem afrikanischen Land!

Bekomme ich die Gelegenheit dazu, antworte ich auf den unausgesprochenen Vorwurf. Aber häufig gelingt das nicht. Es ist sagenhaft, wie schnell die Rassismusklappe ein Gespräch abwürgt und eine bis dahin nette Gemeinsamkeit auflöst. Wenn ich die Chance bekomme, es zu erklären, dann sage ich meistens: „Wir haben keine schwarzen

Freunde, aber auch keine englischen und portugiesischen oder südafrikanischen. Unsere Nachbarn sind Buren. Mit denen sitzen wir alle paar Monate mal gemeinsam zum Braai auf der Terrasse – weil wir Nachbarn sind. Außer uns haben die auch keine deutschen Freunde und auch keine englischen oder portugiesischen."

Die Volksgruppen in Namibia bleiben in aller Regel unter sich. Auf den ersten Blick mag das merkwürdig erscheinen. Wenn ich allerdings meine Verwandten in der ostwestfälischen Provinz fragen würde, wie viele Freunde sie haben, die z. B. türkisch- oder italienischstämmig sind, würde ich vermutlich betretene Gesichter sehen. Letztlich bleibt man doch auch in Deutschland meistens in seiner eigenen Gruppe.

Dieses Phänomen lässt sich übrigens auch bei den einheimischen Völkern[1] Namibias beobachten: Ovambo, Kavango, Caprivianer, Herero, Himba, Damara, Nama und San oder Buschmänner bleiben ebenfalls am liebsten unter sich. Die sogenannten Baster, Nachfahren der ersten Holländer am Kap und ihrer Khoi-Frauen, entschieden sich sogar für eine gemeinsame eigene Stadt – Rehoboth, abseits des Schmelztiegels Windhoek.

Die Volkszugehörigkeit gehört in Namibia zu dir wie dein Name. „Ich habe Pieter kennengelernt – das ist ein Bur, die Familie kommt aus der Gegend von Grootfontein", „In der Bank ist ein neuer Manager, ein Baster, er heißt Jaques de Villiers", „Der Bürgermeister ist ein Ovambo ...".

Unsere Haushaltshilfe Naomi ist eine Herero und hat nur Herero-Freunde. So wie sie über die Ovambo, die Nama und die Damara etc. redet, glaube ich, das wird auch

[1] Kurze Erläuterungen zu den ethnischen Gruppen Namibias befinden sich im Glossar am Ende des Buches.

so bleiben. Ihr sind dann im Zweifelsfall Weiße noch lieber als „diese machthungrigen Wambos[2]", die außerdem so dumm seien, dass man es nicht beschreiben könne. Ganz zu schweigen von den Damara und Nama – alle geborene Diebe, wenn man Naomi fragt.

Viele meiner Freunde haben auch gelesen, dass diese Trennung der Volksgruppen eine Folge der Apartheidpolitik unter der südafrikanischen Besatzung von 1915 bis 1989 sei. In den 60er Jahren zwang man alle nicht-weißen Bewohner Windhoeks, den inneren Stadtbezirk zu verlassen und in Katutura, der schwarzen Township am nördlichen Stadtrand, zu siedeln. Auch dort durften sie nicht wohnen, wo sie wollten. Es gab Viertel für Herero, Ovambo, Damara etc. Noch heute kann man das bei einer Tour durch Katutura sehen: An vielen Haustüren zeigt immer noch eine große Initiale vor der Hausnummer das Viertel an, in dem man sich befindet. Die über Jahrzehnte erzwungene Trennung in den Wohngebieten hat sicher dazu beigetragen, dass sich die Gräben zwischen den einzelnen Ethnien hielten. Entstanden sind sie aber nicht durch die Apartheid, sie hat sie lediglich gefestigt. Wer die Geschichte der Besiedlung Namibias liest, erfährt vom fortwährenden Kampf eines Volksstamms gegen den anderen, von Vertreibung, Viehdiebstahl und Raub des Lebensraums. So gesehen passten die Kolonisatoren, erst die deutschen, später die südafrikanischen, gut hierher. Sie machten genauso weiter, wie die anderen vor ihnen.

Und wie sieht es bei den jungen Leuten aus? Die Schule ist der große Schmelztiegel Namibias. In den Klassen der Grund- und Mittelschulen sitzen – zumindest in Windhoek –

[2] Despektierlicher, umgangssprachlicher Begriff für ein Mitglied der Ovambo-Volksgruppe.

Kinder aus allen Volksgruppen nebeneinander. Im Sportunterricht wirft der deutschstämmige Fullback[3] den Rugbyball zu seinem Flügelstürmer, einem langen dünnen Namajungen, der ihn über die Torlinie trägt. Hier können doch Freundschaften entstehen, sollte man meinen. Und so ist es auch. Deutsch-, Portugiesisch- und Englischstämmige werden Freunde oder verlieben sich. Auch weiße Kinder haben schwarze Maats[4]. Ist das nun ein Zeichen, dass in der nächsten Generation die Grenzen verschwinden oder zumindest verschwimmen werden?

Man muss Geduld haben. Zwar hat mein Ziehsohn Thomas in der Schule Kumpel aus den einheimischen Völkern, mit denen er lacht und Fußball spielt. Die Idee jedoch, er könne sie mit nach Hause bringen, käme ihm nie. Als ich ihn fragte, was passieren würde, wenn er sich in ein schwarzes Mädchen verliebte, war er entgeistert. Von der ganzen Höhe seiner 1,85 Meter blickte er auf mich herunter und meinte: „Ich glaube, meine Mutter würde mir eine runterhauen." Die Ablehnung der Mutter war nicht das, was mich daran am meisten bewegte. Das Misstrauen von Eltern gegenüber den potenziellen Partnern ihrer Kinder ist ja legendär. Nein, was mich erschütterte, das war die Akzeptanz, mit der der Junge es aussprach. Seine Mutter lehnt eine schwarze Freundin ab – und er findet es richtig.

Was sagt das aus über den Rassismus der ganz normalen Bevölkerung? Sind bereits die Kinder Rassisten, weil sie die Gedanken ihrer Eltern kritiklos übernommen haben? Ganz so einfach ist es nicht: Diese Kinder sind aufgewachsen in einer Welt, in der Gewalt durchaus zum Alltag gehört und

3 „Schlussmann" einer Rugbymannschaft. Der Fullback baut das Spiel der Mannschaft von hinten auf, etwa wie ein Libero beim Fußball.

4 Namibiadeutsch für „Kumpel" oder „Freund", aus dem Afrikaansen.

in der die überwiegende Zahl der Straftaten von schwarzen Menschen begangen wird. Warum das so ist, und dass hier Armut und soziale Strukturen eine bedeutende Rolle spielen, darüber wird selten gesprochen. Kann ich den Kindern übelnehmen, dass sie von „uns hier" und „denen da" reden, dass für sie eine klare Grenze zwischen Schwarz und Weiß existiert?

Ein anderes Erlebnis: Ich saß bei Freunden zum Braai. Wir aßen, wir lachten, wir tranken Bier und Cider und wir erzählten uns Geschichten. Willis Mutter war auch da, zu Besuch aus dem Altersheim in Swakopmund. Eine ruhige, alte Dame, die wenig spricht. Dann wollte sie doch etwas mitteilen: „Du, neulich hab ich den Wolfgang gesehen. Der hat ja jetzt so 'ne Herero-Maid[5]. Er ist mir entgegengekommen, aber ich habe so getan, als hätte ich ihn nicht bemerkt. Ich weiß einfach nicht, was ich mit dem noch reden soll." Mir blieb der Bissen Lammkotelett im Hals stecken. Wie konnte sie die unbekannte Freundin als „Maid" verunglimpfen, ohne sie zu kennen. Bevor ich protestierte, bemerkte ich, wie unglücklich die alte Dame war. Etwas für sie Unverständliches und Bedrohliches war passiert. Über Jahrzehnte hatte sie in Namibia die eigene, aus dem Mutterland mitgebrachte Kultur in ihrer Familie bewahrt. Man hatte Weihnachten gefeiert, Karneval, zu Ostern Eier gesucht. Wie soll das gehen mit Menschen, deren Kultur noch Lehmhütten und offenes Feuer kennt, fragte sie sich. Was soll man da reden? Auch sie weiß, dass es eine schwarze Oberschicht gibt, sieht sie in der Zeitung, im Fernsehen, in den dicken Limousinen vorbeirauschen. Doch diese schwarzen Neureichen und die Potentaten in

[5] Englisch für „Dienstmädchen". Herabsetzende Bezeichnung für schwarze Frauen.

ihren Villen hinter hohen Zäunen sind ihr genauso fremd wie die Hüttenbewohner. Man weiß weder, wie sie leben, noch, was sie antreibt. Unwissenheit gepaart mit Phantasie aber ist ein guter Nährboden für Misstrauen, Angst und Ablehnung.

Ich habe viel Verständnis für diese Wagenburgmentalität meiner hellhäutigen Mitmenschen. In ihrem täglichen Leben gehen sie meist höflich und respektvoll mit den dunkelhäutigen Mitbürgern um. Sie unterstützen und fördern, oft ungefragt, wo die schwarze Regierung die eigene Gruppe im Regen stehen lässt. Sie wollen gerne gute Namibier sein – nur aus ihrem Heim, da sollen die anderen draußen bleiben.

Bedauerlich ist dabei, wie selten sie bemerken, dass sich das Land bewegt. Wenige sehen, dass eine gebildete, durchaus an westlichen Lebensstandards und -gepflogenheiten orientierte Mittelschicht entsteht, von der keine Bedrohung ausgeht für den eigenen Lebensweg. Ja, diese schwarzen Bürger werden anders sein und andere Feste feiern. Ja, sie werden für uns befremdlich sein, und wir für sie. Aber aus dem Miteinander erwächst die einzige Chance für eine gemeinsame Zukunft.

Einmal in der Woche stellt die Jugendbeilage der englischen Zeitung „The Namibian“ aktuelle gesellschaftliche Fragen zur Diskussion. Am 5. März 2010 fragte sie junge Windhoeker Schüler und Studenten: „Sind weiße Namibier richtige Namibier?“. Colin Namalambo antwortete: „Was ist ein Namibier? Ich bin einer, aber nicht, weil ich in Namibia geboren wurde, sondern weil Namibia in mir geboren wurde. Und das liegt nicht an meiner Hautfarbe, sondern daran, dass mir das Wohlergehen meines Landes am Herzen liegt und auch mein Beitrag dazu. Deswegen sind für mich weiße Namibier Namibier, wenn sie auch so für ihr

Geburtsland empfinden." Omega Nakapunda sagte: „Die Basis, um zu entscheiden, welche Nationalität jemand hat, kann nicht mehr sein, ob er schwarze Haut hat, eine andere Muttersprache als Englisch und einen schwer auszusprechenden Nachnamen. Genauso wenig, wie man davon ausgehen kann, dass Weiße aus Europa kommen."

Es gibt Hoffnung, finde ich.

Ein lekker Braai

Warum es gar nicht so einfach ist, die richtige Wurst auf den Grill zu legen. Und: Worum geht's beim Braai wirklich?

Samstagmittag, etwa ab 14 Uhr, sind Windhoeks Straßen wie leer gefegt. An der Kreuzung von Sam Nujoma Drive und Nelson Mandela Avenue versuchen noch ein paar versprengte Ovambo einen Minibus in den Norden zu finden. Die Tankstelle ist verlassen, ebenso wie der Parkplatz von Woermann & Brock. „Wo sind die denn alle?", frage ich Kurt, den Mann an meiner Seite. „Ist heute ein Feiertag, von dem ich nichts mitbekommen habe?" „Nee", sagt der, „die anderen sind zuhause und machen Braai. Wir sind einfach spät dran."

Alles klar? Es ist Samstagmittag und der Namibier braait, was in Deutschland so viel bedeuten würde wie „er hat den Grill angeschmissen". Natürlich ist so ein namibischer Braai nicht ohne weiteres mit einer deutschen Grillparty zu vergleichen. Das fängt schon bei der Kohle an. Für Grillprofis nördlich der Alpen ist es ja ein wichtiges Thema, welche Kohle man verwendet – Holzkohle oder Briketts zum Beispiel. Erstere brennen schneller, die zweiten halten die Glut länger und so weiter. In Namibia ist Kohle, so oder so, etwas für Weicheier. Sie ist „auf Pad[1]“ okay, wenn's mal regnet und man trotzdem schnell grillen will. Entschuldigung, braaien natürlich.

Denn für einen richtigen Braai macht man ein Feuer mit Holz. Dabei ist es fast eine Glaubensfrage, welches man verwendet. Der Mann an meiner Seite liebt Kameldorn[2]- oder Mopaneholz[3]. Beides macht eine schöne Glut – irgendwann. Zuerst lodert ein Feuerchen, das langsam runterbrennen muss, bevor es zu Kohle wird. Dabei ist es natürlich schön heiß neben dem Grill – ein wunderbarer Anlass, um das erste Bier zu öffnen. Bis die Glut „recht“ ist, werden mindestens zwei Stunden vergehen. Da ist genug Zeit, um noch ein zweites, drittes und viertes Bier zu trinken und mit den eingeladenen Freunden ein bisschen von der vergangenen Woche zu erzählen. So fängt ein richtiger Braai an, nicht mit Kohle von der Tankstelle.

Genauso wichtig ist die Auswahl der geeigneten Wurst. Natürlich muss es Boerewors sein, die ungebrühte Wurst aus Rind- oder Wildfleisch mit Lammfett, reichlich mit Koriander gewürzt. Sie wird zu einer großen Schnecke aufgerollt und im Ganzen auf dem Grill gebraten.

Als Neuzuzug aus Deutschland musste ich lernen, dass bereits der Kauf von Burenwürsten im Supermarkt eine Wissenschaft für sich ist. Denn: Die Wurst wird in

---

1 Namibiadeutsch für „unterwegs“ (von Afrikaans „Pad“ für „Straße, Weg“)

2 Kameldornbaum (Acacia erioloba). Als hoher Baum wachsende Akazie mit langen Dornen an den Zweigen und markanten leicht pelzigen, halbmondförmigen Früchten.

3 Mopanebaum (Colophospermum Mopane). Im nördlichen Namibia weit verbreiteter Baum mit markanten Blättern, die einem Kamel-Fußabdruck oder einem Schmetterling ähneln.

der Verkaufsverpackung in enge Zickzacklinien gelegt und dabei kann der dünne Wurstdarm leicht reißen. Das darf er allerdings nicht, denn sonst tropft der Saft aus der Wurstschnecke und sie wird trocken. Daher heißt die Einkaufsanweisung, die ich von Kurt mitbekomme: „Bring mal zwei Kameldorn-Boerewürste mit. Aber schön aufpassen, dass sie heil sind." Das klingt so einfach – wären die Supermarktmitarbeiter nicht schlau: Sie legen die Wurst in Bahnen von 20 Zentimeter Länge, und über die kritischen Stellen, da, wo die Wurst in der Packung den Knick macht, kleben sie das Preisschild. So sieht man nicht, ob sie gerissen ist. Deswegen dauert das Boereworskaufen bei mir nicht fünf Minuten, sondern eine gefühlte Ewigkeit. Eine halbe Stunde lang nehme ich jede Packung aus der Kühltheke und suche eine, bei der der Aufkleber nicht die Knickstellen verdeckt. Meist finde ich keine. Also halte ich sie schräg, versuche unter das Etikett zu linsen und zu entdecken, ob hier eine einwandfreie oder eine zerrissene Wurstschlange verborgen ist. Kurt macht das in solchen Fällen viel einfacher. Er nimmt die Packung, geht zur Fleischtheke und sagt: „Hej, Pietie, mach das mal auf. Ich will wissen, ob die Boerewors heil ist." So funktioniert das, wenn man mit allen schon zur Schule gegangen ist. Ich dagegen komme mir vor wie eine Kriminaltechnikerin im Fernsehen, wenn ich versuche, unter all den Würsten die optimale herauszufinden.

Wenn wir einen großen Braai veranstalten, gibt es außerdem noch Lammkoteletts. War schon das Auswählen der richtigen Boerewors eine Wissenschaft – es ist nichts gegen die Wahl dieser namibischen Spezialität. In Deutschland könnte ich an die Fleischtheke gehen, auf die Koteletts zeigen und die gewünschte Anzahl bestellen. Hier dagegen sind die Fleischqualitäten farbcodiert. Farbige Stempel auf dem Fettrand zeigen an, mit welcher Güteklasse ich es zu tun habe und ob die teure Packung tatsächlich sogenanntes Superlamb enthält. Wenn dieser Einkauf ansteht, schicke ich den Mann. Grillen, sorry, braaien, ist ja ohnehin Männersache. Dann können sie auch das Fleisch dafür organisieren.

Wir haben verschiedene Braai-Gelegenheiten. Zum Ersten ist da der Wochenendbraai mit den Kindern. Da gibt's Boerewors und Lammkotelett, soviel man essen kann. Mein deutscher Beitrag dazu ist eine große Auflaufform mit Kartoffelgratin und ein Gurkensalat. Das ist zwar nicht namibisch, passt aber wunderbar und sorgt dafür, Teenagerbäuche zuverlässig zu füllen. In Deutschland hatte ich das für Grillfeste erfunden, weil es so einfach ist, das Gratin vorzubereiten und es dann stundenlang stehen zu lassen, bis die Grillköstlichkeiten fertig sind. Wie sich rausstellte, war diese Rücksicht hier unnötig, denn es gibt einen wesentlichen Unterschied zwischen deutschem Grillen und namibischem Braai. In Deutschland ist der Grillmeister die ganze Zeit beschäftigt: Er rennt unentwegt vom Bratrost zum Tisch und wieder zurück, damit jeder sein Stück Grillfleisch in dem Moment auf den Teller bekommt, in dem es fertig ist. Erst die Würstchen, bitte schön. Währenddessen werden schon Koteletts und Nackensteaks, Hühnerbrüste etc. aufgelegt, und jedes Stück ist natürlich zu anderen Zeiten fertig und will frisch auf den Tisch. So ist das Grillen immer eine eher hektische Angelegenheit, zumindest bei uns zuhause.

In Namibia ist das entspannter, denn man isst gar nicht frisch vom Grill- bzw. Braairost. Beim namibischen Braai kommt alles, was fertig gebraten ist – Würstchen, Koteletts, Steaks etc. – in eine ovale Deckelschüssel aus Aluminium, die ein bisschen aussieht wie der Gänsebräter meiner Oma.

Wenn alles fertig gebraten ist, nimmt der Grillmeister, Pardon, der Braaichef, die Aluschale, die so lange am Rand des Grillrostes warmgehalten wurde, stellt sie auf den Tisch – und los geht's. Alle essen zusammen, kein Hin- und Hergelaufe mehr. Natürlich hat dieses Verfahren seine Nachteile. Das hervorragende Superlamb, das wir gekauft hatten, ist nicht mehr besonders knusprig, wenn es schon eine halbe Stunde warmgehalten wurde. Auch hatte ich bei manchem Steak die Vermutung, es hätte saftiger sein können, wäre es direkt vom Grillrost auf meinen Teller gewandert. Die namibische Methode hat aber einen unschätzbaren Vorteil: Man kann gemütlich zusammen am Tisch sitzen und sich dem eigentlichen Sinn eines Braai widmen: „Kak Prat". Wörtlich übersetzt heißt das zwar „Scheiße erzählen", aber gemeint ist eher „gemütlich quatschen". Man redet miteinander über alles, was einem so einfällt: die neuesten Geschichten von Freunden, abstruse Nachrichten, die man bei Spar gehört hat, alte Erlebnisse. „Jeden Scheiß eben", würde ein deutscher Teenager wohl sagen. Die Kinder erzählen zum gefühlt fünfzigsten Mal, wie sie damals in Swakopmund mit dem Body Board abgetrieben wurden und wie sie erst nach Stunden und mit letzter Kraft an Land kamen. Der Mann an meiner Seite erinnert sich an seine Zeiten als Schlagzeuger bei der großartigen Windhoeker Rockband, die in Südafrika einen Top Ten Hit hatte. Wer weiß, vielleicht hätte das zu einer Weltkarriere geführt. Aber damals gab es noch das Embargo wegen der Apartheid, und darunter musste auch Namibia leiden. So wurde am Ende doch nichts aus der internationalen Rockstar-Karriere. Nur wegen des Embargos, versteht sich.

Ab und zu laden wir unsere Freunde ein zum Braai. Das ist ganz entspannt, denn in Namibia gibt es meistens

„Bring & Braai". Das heißt: Du bringst mit, was du isst und trinkst, und man legt es einfach gemeinsam auf den Grill. Natürlich hat dann im Endeffekt nicht jeder genau sein Stück Fleisch auf dem Teller, denn alles kommt ja in den gemeinsamen Topf. Man weiß aber, dass mit Sicherheit etwas darin ist, was einem schmeckt – man muss nur zusehen, dass man es auch erwischt. Der größte Vorteil ist: Jeder hat dabei, was er gerne trinkt. Denn ganz klar ist das gemütliche und ausgiebige Trinken das Wichtigste bei Braai und Kak Prat. Die kleinen Kinder werden so lange auf dem Sofa vor dem Fernseher geparkt, wo sie zum hundertsten Mal „Findet Nemo" gucken. „Bring & Braai" ist eine sehr lockere Angelegenheit.

Den entspanntesten Braaiabend hatten wir bei unserem Freund Claas. Er war viele Jahre Professor an der Landwirtschaftsuniversität gewesen – bis die Gleichstellungspolitik kam. Um die Anzahl schwarzer Dozenten zu erhöhen, mussten weiße Stelleninhaber ihren Platz räumen. Heute arbeitet er als freier Berater – und als Hobbygärtner. Hinter seinem Windhoeker Stadthaus hat er einen mustergültigen Gemüsegarten angelegt, mit Tomaten und Zucchini, Bohnenranken und allem, was dazugehört. Ob er dem alten Job hinterhertrauert, habe ich nie gefragt.

Claas rief uns eines Tages an und lud uns ein: „Kommt doch zum Braai, habt ihr Lust?" Wir hatten, fuhren schnell zu Spar, um Fleisch zu kaufen und schnappten uns unsere Bierflaschen. Ab 18 Uhr sollten wir kommen – pünktliche Deutsche, die wir sind, waren wir gegen halb sieben da und damit offensichtlich viel zu früh. Der Hausherr sprang mit nasser Badehose quer über den Hof hinter dem Hund her, von Vorbereitungen oder anderen Gästen nix zu sehen. Aber das war natürlich kein Problem: „Ach, ihr seid schon da. Das ist doch lekker[4]. Nehmt euch ein Bierchen und einen Stuhl. Ich geh grade in den Garten, Jeanette braucht noch Gemüse für den Salat heute Abend."

Wir sahen uns an und taten das einzig Mögliche: Wir nahmen uns ein Bier und setzten uns. Suchend schweifte unser Blick über den Hof: Wo hatte Claas denn seinen Braaiplek[5]? Tropf, tropf, tropf – ein paar dicke Salatköpfe, Tomaten und Zucchini unter dem Arm tapste er an uns vorbei. „Bin gleich da", hörten wir noch, und tatsächlich erschien er wenig später ebenfalls mit einem Bierchen in der Hand.

Ich will es kurz machen: Der Braaiplek war im Bau, aber Claas hatte einfach den Campinggrill aufgebaut. Das Holz war nass geworden bei den starken Regenfällen der letzten Tage, denn wir waren mitten in der Regenzeit im namibischen Sommer. Und sein „Spezialanzünder", benzingetränkte Holzspäne aus einem großen Gurkenglas, wollte das nasse Holz auch nicht so richtig zum Brennen bringen.

So hatten wir genug Zeit, um in Ruhe „Kak" zu erzählen und Bier zu trinken. Mittlerweile waren noch weitere Freunde eingetroffen, und es wurde ein launiger Abend – allerdings ohne Essen. Wir aßen Biltong[6] und Chips und starrten auf das müde zischelnde Feuerchen. „Bei uns zuhause liegt jede Menge trockenes Holz", brummte Kurt.

---

4 Afrikaans für „lecker" bzw. „gut schmeckend". Aber lekker ist auch der Film, die neue Freundin, der Abend mit den Freunden.

5 Afrikaans für „Grillplatz". Zu fast jedem namibischen Haus gehört ein Grillplatz. Er ist fast immer gemauert und mit einem Strohdach überdacht. So kann man auch während der Sommerregen entspannt braaien.

6 Trockenfleisch, der beliebteste Snack Namibias. Rind- oder Wildfleisch wird in Streifen geschnitten und getrocknet. In feine Scheibchen gehobelt wird Biltong bei fast jeder Gelegenheit verspeist und ist eines der beliebtesten Mitbringsel aus Namibia.

„Warum sagt der Oakie[7] nichts. Ich hätte doch was mitgebracht. Ich könnte jetzt noch was holen."

Ich blickte ihn warnend an: „Tu das nicht. Du weißt, dass Männer es hassen, wenn man sich in ihren Braai einmischt. Sie müssen doch ihren Frauen sagen können: ‚Ich habe Feuer gemacht.' Bitte denke an Katima." Dort hatte er versucht, auf dem Campingplatz am Sambesi einem jungen südafrikanischen Pärchen zu erklären, wie man nasses Holz anzündet. Ich sehe noch ihr entgeistertes Gesicht und sein versteinertes, als er erwiderte. „Baia dankie[8]. Aber ich habe alles, was ich brauche." Beide drehten sich um und sprachen für die nächsten drei Tage kein Wort mehr mit uns.

„Bitte mach jetzt so was nicht bei Claas", flehte ich tragikomisch. „Ich mag die. Das sind nette Leute." Der Mann an meiner Seite nickte, nahm noch eine Handvoll Biltong – und schwieg.

Gegessen haben wir übrigens doch noch. Gegen 23 Uhr war alles fertig. Jeanette hatte einen wundervollen Salat mit den frischen Gartengemüsen gemacht und dazu bogen sich die Platten von Lammrippen, -koteletts und Boerewürsten. Schade, dass wir nach all dem Biltong und den Chips nicht mehr viel Appetit hatten. Aber das macht ja gar nichts. Kann man alles prima am nächsten Tag kalt essen.

[7] Sprich „Ohkie". Namibiadeutsch für den umgangssprachlichen Begriff „Typ". Freundliche Beschreibung für einen Mann. Beispiel: „Das ist ein cooler Oakie."

[8] Afrikaans für „Vielen Dank".

Kein Land für Vegetarier

Warum Trüffel den Pflanzenesser nicht über die Runden bringen. Und: Was essen die Namibier am liebsten – zuhause oder unterwegs?

„Was soll das denn da sein auf deinem Teller?“, fragte mein namibischer Ziehsohn kritisch. Wir saßen in Hamburg beim Italiener, vor mir standen „Fettuccine al tartufo“. Auf ein Nest von gelben Bandnudeln mit einem Klecks sahniger Soße in der Mitte hatte der Ober mit großer Geste ein paar Trüffelspäne gehobelt. „Und wo sind die Trüffel?“ Thomas konnte nicht glauben, dass dieser Hauch eine Trüffelsoße sein sollte.

Im folgenden Jahr verstand ich seine Überraschung, denn 2011 war ein Trüffeljahr in Namibia. Oft, aber nicht immer, bewirken reichhaltige Regenfälle, dass in der Kalahari Trüffel wachsen. Aufgespürt nicht von Schweinen oder Hunden, sondern von den Buschmännern und -frauen, den San. Dann gibt es so viele Trüffel, dass die schwarzbraunen Knollen bei Spar und Woermann & Brock in großen Obstkisten angeboten werden. Ein Kilo kostet zwischen fünf und sechs Euro. Nein, ich habe nicht die Nullen vergessen. Ein Kilo Trüffel für fünf Euro. Da haben wir noch einmal »Fettuccine al tartufo« gemacht. Aber diesmal hatte ich etwa so viele Trüffel auf dem Teller wie Nudeln. Wir haben sie zum Steak gebraten und in die Pilzsuppe gegeben. Wir haben so viele Trüffel gegessen, bis wir sie nicht mehr sehen konnten.

Der Regen bringt noch eine andere Spezialität hervor: Nach den Sommergewittern wachsen in Bodennähe aus den großen Termitenhügeln, die sich nördlich von Windhoek aus der Erde erheben und die oft Mannshöhe erreichen, große Pilze. Omajova heißt diese Köstlichkeit, die aussieht wie ein kleiner Sonnenschirm. Omajovas wachsen nur wild und nur wenige Wochen im Jahr. An den Landstraßen stehen Einheimische und strecken das, was sie morgens geerntet haben, den vorbeifahrenden Autos entgegen. Die Kunst ist dabei, den Pilz im idealen Moment zu finden und zu schneiden. Am besten ist er, wenn er voll aus der Erde herausgewachsen ist, aber seinen Schirm noch nicht oder erst seit kurzem entfaltet hat. Sobald der mehr als handtellergroße Schirm offen ist, setzen sich nämlich kleine Insekten in den Lamellen fest – und die wieder heraus zu bürsten, ist eine Heidenarbeit. Man wäscht die Omajovas besser nicht, denn sie saugen das Wasser auf und werden dann bei der Zubereitung wässrig und schlabbrig. Richtig geputzt und gebraten schmeckt ein Omajova wie Kalbfleisch – oder wie ein dicker, fleischiger Austernpilz. Es gibt eine Vielzahl von Rezepten, wir haben ihn auch oft paniert wie ein Schnitzel und mit Kräuterschmand gegessen. Aber, wie gesagt, es ist ein seltenes Vergnügen, und wer in der Regenzeit Windhoek nicht verlässt, dem wird er durch die Lappen gehen, denn in die Supermärkte kommt er nie.

Der Vegetarier, der hier von Trüffeln und Omajovas liest, wird vielleicht jubeln „Das ist ja super. Exotische Pilze und Trüffel – ein tolles Reiseland für mich." Und er wird sich furchtbar irren. Namibia ist eindeutig kein Paradies für Vegetarier. Das meiste Gemüse muss aus Südafrika importiert werden. Einige abgelegene Lodges haben einen eigenen Gemüsegarten, in dem die Beilagen für das Gästeessen selbst gezogen werden. Aber eine großflächige Landwirtschaft gibt der karge, trockene Boden nicht her. Von Maherero[1], dem legendären Herero-Führer, wird berichtet, dass er sein ganzes Leben lang nur Fleisch und Dickmilch gegessen habe. Mit dieser einseitigen Diät soll er immerhin runde hundert Jahre alt geworden sein. Namibia ist ein Eldorado für Fleischesser: Neben Wildfleisch von Kudu, Oryx, Springbock etc. bekommt man das meiner Meinung nach beste Lamm- und Rindfleisch der Welt. Ich habe in Deutschland nur noch selten Fleisch auf dem Teller gehabt, weil mir der Appetit bei den ständigen Skandalen gründlich vergangen ist. Aber in Namibia ist das anders: Hier verbringen die Rinder ihr Leben im Busch, draußen, wo wir für viel Geld Urlaub machen. Wenn das keine glücklichen Kühe sind. Da kann ich auch vertreten, dass sie am Ende gegessen werden, denn bis dahin hatten sie ein schönes Leben – und das schmeckt man. Rind- und Lammfleisch ist daher in Namibia fast jeden Tag in irgendeiner Form auf dem Tisch. Oft schon morgens, denn es gibt nichts Schöneres, als bei Spar oder Woermann & Brock an der Frühstückstheke ein Rohhack-Brötchen zu essen. Rohhack nennt man in Deutschland Tartar oder Schabefleisch. Hier ist das Fleisch so frisch und perfekt, dass man jeden Tag ohne Bedenken diese rohe Delikatesse essen könnte.

1 Samuel Maherero. Mitte des 19. Jahrhunderts geborener und 1923 gestorbener Häuptling und Anführer der Hereros bei ihrem Widerstand gegen die deutsche Kolonialmacht. Maherero verlor 1904 die entscheidende Schlacht am Waterberg gegen die deutschen Schutztruppen.

Und erst Biltong! Biltong ist vermutlich der bekannteste namibische Exportartikel im südlichen Afrika. Das Wild- oder Rindfleisch wird in Streifen geschnitten, aufgehängt und gedörrt. Was in dem trockenen Wüstenklima Namibias so gut gelingt wie sonst nirgendwo. Diese Tatsache führt – zusammen mit der ausgezeichneten Fleischqualität – dazu, dass jeder südafrikanische Freund schreit, „Bring mir Biltong mit!“ Die zu harten Prügeln getrockneten Streifen werden in dünne Scheibchen geschnitten und als Snack gegessen – oft auch unterwegs im Auto oder auf der Wanderung – als sogenannte Padkost[2]. Genau dafür haben die Buren es einst erfunden, als sie versuchten, Fleisch für lange „Treks“ haltbar zu machen. Was ist das beste: Springbock-, Kudu- oder Oryxbiltong? Jeder hat da seinen Favoriten. So wie jeder Namibier genau einen Biltong-Shop kennt, der besser ist als alle anderen. Wir finden übrigens, dass der am Ausgang von Okahandja, bevor man auf die Usakos-Pad geht, absolut das beste Biltong in ganz Namibia macht. Okay, das sind gut siebzig Kilometer von Windhoek – aber es lohnt sich. Im Shop hängen neben den Biltongstreifen lange Schlaufen Droewors[3]. Diese getrocknete Boerewors ist die zweite Knabberei, die auf keinem namibischen Snackteller fehlen darf und an der schon die kleinen Kinder lutschen.

Auf den Lodges wird meist Wildfleisch serviert. Kudu und Oryx liefern Hunderte Kilo Frischfleisch in die Küchen, und die landen dann als Steaks oder Gulasch auf den Tellern der Touristen. Jeder Lodgemanager versucht

2 Reiseproviant.

3 Sprich „Druwors“. Trockenwurst aus gewürztem Rind-, Lamm- oder Wildfleisch. Sie ist als Snack oder Reiseproviant allgegenwärtig.

allerdings zu vermeiden, dass die Touristen bemerken, wie die frisch erlegten Antilopen hinten auf dem Farmwagen herangebracht werden: als riesiger blutiger Kadaver. Wenn das passiert, werden sofort die Tierschützer in ihnen wach. Jeder möchte das Steak, aber niemand will den Kudu erschießen.

Ein durch Namibia reisender Vegetarier wird trotzdem auf den Lodges vermutlich immer irgendetwas zu essen finden. Es gibt ja Beilagen und in Namibia das beste Kartoffelpüree, das ich je gegessen habe. Dazu isst man Bohnen und, wenn man Glück hat, Squashies[4]. Das sind kleine mit Mais und Butter gefüllte Kürbisse. Wer authentische Küche kennenlernen will, fragt nach Mieliepap[5]. Dieser Maisbrei ist das traditionelle Grundnahrungsmittel, nicht Nudeln oder Kartoffeln. Am besten schmeckt der Pap auf kleinen Gästefarmen, wo er noch nach alter Hausfrauenart zubereitet wird. Mieliepap passt besonders gut zum Potjie. Der Potjie[6] ist ein traditioneller Eintopf, der in einem gusseisernen Topf auf dem offenen Feuer gekocht wird. In den Topf wandert – wie beim Eintopf in allen Ländern – alles, was dem Koch so einfällt und was hoffentlich gut schmeckt. In den ländlichen Gebieten gibt es regelmäßige Potjie-Wettbewerbe, und es lohnt sich, das zum Anlass für einen Ausflug zu nehmen. Der Rauch des offenen Feuers verbindet sich mit dem Aroma des oft jahrzehntelang benutzten Eisentopfes zu einem ganz besonderen Geschmack. Auch auf manchen Gästefarmen und kleinen Lodges werden Potjies

---

[4] Kleiner grüner Kürbis. Deutsch „Rolet-Kürbis". Squashies werden gerne mit Mais gefüllt und überbacken zu gebratenem oder gegrilltem Fleisch gegessen.

[5] Maisbrei". Mieliepap ist das Grundnahrungsmittel der meisten eingeborenen Völker im südlichen Afrika.

[6] Sprich „Poikie". Afrikaans für „Topf".

für die Gäste serviert, sodass auch der Tourist gelegentlich die Möglichkeit hat, dieses neben dem Braai namibischste aller Gerichte zu probieren.

Naomi, unsere Haushilfe, beäugte immer gespannt, was wir so in den Töpfen hatten. Wenn wir ihr etwas anboten, nahm sie es gerne, probierte und lobte aus Höflichkeit auch immer. Aber ich konnte ihr oft ansehen, was sie dachte: „Da haben diese Weißen so viel Geld. Und dann essen sie Nudeln. Nudeln mit Gemüse, mit so wenig Fleisch, dass man es gar nicht sehen kann." Laut sagte sie: „Wir Herero essen ja am liebsten Fleisch. Wir essen sogar ausschließlich Fleisch, wenn wir können." Wir übersetzten uns das dann in das, was sie eigentlich sagen wollte: „Kocht mal was Ordentliches. Dann könnt ihr mir auch was abgeben."

Viel Fleisch und Alkohol macht auf jeden Fall nicht schlank. Wenn ich mich umschaue in der Stadt, sehe ich deutlich mehr übergewichtige Menschen als in Deutschland. Nicht viele sind so extrem fettleibig, wie wir es von den Fernsehbildern aus den USA kennen, aber fast jeder Zweite hat vermutlich mindestens zehn Kilo zu viel. Für die Herero ist das ein Teil des Schönheitsideals – eine Frau darf nicht dünn sein, das ist unattraktiv. Naomi ist eine sehr attraktive Frau. Schön rund überall, ohne fett zu sein, kommt sie morgens die Straße von der Bushaltestelle entlang. Dabei ist sie so fein angezogen, als ginge sie zu einem wichtigen Termin. Wenn ich sie dann mit meiner üblichen Kluft aus Jeans und T-Shirt begrüße, komme ich mir oft schlampig vor. „Das sind eben Herero", sagt der Mann an meiner Seite, „die achten sehr auf ihre äußere Erscheinung. Darauf sind sie stolz." Nach der Bemerkung fühle ich mich nicht gerade besser.

Man kann übrigens auch ausgezeichnet Fisch essen in Namibia. Galjoen[7] oder Schwarzfisch, Steenbras[8], auch Weißfisch oder Streifenbrasse genannt, Seehecht und Kabeljau werden vor der Küste gefangen. Es gibt die zartesten Tintenfische, die ich je gegessen habe. Die Ringe lassen sich mit der Gabelseite zerteilen, so weich sind sie. Anders als in Deutschland, wo ich gelegentlich in Versuchung war, mir einige als Reserve-Keilriemen in die Tasche zu stecken.

Und Austern gibt es – frisch, lecker und zu hervorragenden Preisen. Das kalte Wasser vor der Küste von Namibia ist ein ideales Revier für die Austernzucht, und so ist das halbe Dutzend Austern kein Luxus, sondern eine ganz normale Vorspeise vor dem Steak.

Berühmt sind die Bootsfahrten, die von Walvisbay und Swakopmund zu den Robbenbänken führen. Die offizielle Attraktion ist das Beobachten von Delphinen, Robben und Meeresvögeln. Ich hatte aber oft den Eindruck, dass das unlimitierte Angebot an Austern und Sekt einen mindestens ebenso großen Reiz bei diesen Exkursionen darstellt.

Die Könige der Fischzubereitung in Windhoek sind die Portugiesen. Wer in Deutschland von Namibia redet, denkt oft an die deutschen, englischen und südafrikanischen Bewohner. Aber Namibia hat auch eine große Kolonie von Portugiesen. Nicht verwunderlich, wurde das Land doch zuerst von den Seefahrern um Bartolomeo Diaz entdeckt, die hier das letzte Mal anlegten, bevor sie das Kap

---

7 Sprich „Chaljun". Der Galjoen ist ein nur vor den Küsten Südafrikas beheimateter Speisefisch und der Nationalfisch Südafrikas. Er wird auch Schwarzfisch oder Schwarzbrasse genannt.

8 Der Steenbras, auch „White Steenbras", „Whitefish" oder „Pignose Grunter" genannt, gehört zu den beliebtesten Angelfischen des südlichen Afrikas. Aufgrund von Raubfischerei in den Laichgründen ist sein Bestand mittlerweile gefährdet.

der Guten Hoffnung umrundeten. Heute leben hier viele, die nach den Unruhen in der ehemaligen portugiesischen Kolonie Angola Anfang der 90er Jahre nach Süden zogen, um in Namibia ein ruhigeres Leben zu führen. Der im Tontopf zubereitete Meeresfrüchte-Eintopf im Restaurant „O'Portuga" am Sam Nujoma Drive ist fast allein die Reise nach Namibia wert.

Vegetarische Touristen, die Fisch essen, werden also durchkommen in Namibia. Kurt hatte allerdings vor kurzem in seiner Safarigruppe eine Frau, die am ersten Abend mitteilte, dass sie nur ungekochtes Gemüse esse – eine besonders strenge Form des Veganertums. Da war Holland in Not in Namibia. Die Dame hatte auch versäumt, das vorher anzumelden – sie sei ja nicht anspruchsvoll und käme sicher zurecht, meinte sie. Die Lodgebesitzer sahen das weniger optimistisch. Das rohe Gemüse war bereits gekocht, die gewünschten Körner etc. gar nicht vorhanden. Einer schlug Kurt vor, einen Sack Vogelfutter mitzunehmen, darin seien ja immer viele Körner enthalten und das sei doch auch schon mal was. Ich kann mich nicht erinnern, wie die Geschichte mit dieser Touristin ausgegangen ist. Hoffentlich war das alles ein Teil ihres Plans, auf ihrer Safari zehn Pfund abzunehmen.

Am besten schmeckt das Essen in Namibia eindeutig „auf Pad". Was kann es Schöneres geben, als abends vor dem Lagerfeuer zu sitzen und auf der runtergebrannten Glut zwei Oryxfilets zu braaien. Dazu ein paar Kartoffeln oder Squashies und ein Bier oder zwei. Da kann mir jedes meterlange Lodgebuffet gestohlen bleiben.

Weil ich offenbar nicht allein bin mit dieser Einstellung, haben sich jetzt einige Lodges darauf eingestellt und vor ihren Bungalows kleine Braaiplekke eingerichtet. Für eine bescheidene Pfandgebühr leiht man an der Rezeption eine Küchenkiste, die alles enthält, was man zum Kochen braucht – vom Geschirr bis zum Ölfläschchen. Dazu wählt man das Fleisch und die Beilagen, die man am Abend selber vor seiner Hütte auf den Rost legen möchte. Da sitzt du dann, dein Bier oder ein Glas Wein in der Hand. Die Glut wärmt die Füße in der Nachtkühle der Wüste und du schaust weit über den Busch in die Nacht. Über dir wölbt sich dieser unbeschreibliche namibische Sternenhimmel, dessen Strahlkraft kein Großstadtlicht dämpft. Da, in diesem Moment, isst du das beste Dinner der Welt – ganz gleich, was auf deinem Teller ist. Es sollte nicht heißen „Speisen wie Gott in Frankreich“, sondern „Essen wie auf Pad in Namibia“.

Weihnachten in Swakopmund

Warum es einfach schön ist, da zu sein, wo alle sind. Und: Schon mal Langarm getanzt?

„Weihnachten geht's nach Swakopmund", sagte der Mann an meiner Seite. Ich war nicht überrascht, denn an den Feiertagen fahren ja alle an die Küste. Namibia hat rund 20.000 deutschstämmige Einwohner, die über das ganze Land verteilt leben. Sie wohnen in Windhoek, aber auch in den Kleinstädten und auf den Farmen. Weihnachten aber, da ziehen sie wie die Lemminge alle nach Westen, nach Swakopmund. Das kleine Seebad hat sich sein koloniales Flair erhalten: Gründerzeitvillen, Konditoreien mit Schwarzwälder Kirschtorte und Windbeuteln, grüne Parkanlagen und ein gepflegtes, entspanntes Flair, das man mit einer deutschen Kleinstadt oder einem Ostsee-Kurort verbinden würde.

Nur nicht zu Weihnachten. Wenn die Ferien für die Kinder beginnen, in der Regel um den 8. Dezember herum, werden die Koffer gepackt. Ab geht's nach „Swakop". Eine Völkerwanderung beginnt. In den nächsten vier Wochen fühlt man sich in Windhoek, als habe man eine wichtige Evakuierungsmeldung im Fernsehen verpasst. Man ist allein. Alle, die können, sind weg – in Swakop. In einem Jahr versuchten wir die Kinder zu überzeugen, wir könnten doch Anfang Januar fahren, wenn die meisten wieder zurückkämen und es nicht mehr so voll sei. Wir ernteten völliges Unverständnis. Nach Swakop fährt man nicht trotz, sondern wegen der Fülle. Gerade weil alle da sind, ist es toll. Die Kinder und Jugendlichen müssen sich nicht mit ihren Freunden verabreden – man ist einfach da. Und für die Farmer, die das ganze Jahr auf abgelegenen Höfen verbringen, nur mit ihren schwarzen Angestellten und gelegentlichen Familien- und Nachbarschaftsbesuchen? Für die Farmer ist Weihnachten in Swakopmund wie Christmas-Shopping in New York für meine Hamburger Freundin Jutta. Ein Rausch in Fülle und Vielfalt. Anregend, aufregend, laut. Zu viel von allem und genau dadurch absolut großartig.

Denn voll ist es in Swakop über Weihnachten. Hat die Stadt außerhalb der Saison vielleicht 30.000 Einwohner, drängen sich jetzt fast doppelt so viele Menschen auf den Straßen und Gehsteigen. Auf der Sam Nujoma Avenue, früher Kaiser-Wilhelm-Straße, der zentralen Verkehrsader, schiebt sich Bakkie[1] an Bakkie, Stoßstange an Stoßstange. Man sollte zu Fuß gehen, das wäre schneller, als für hundert Meter zehn Minuten im Stau zu stehen, aber ...

Gott sei Dank sind die Straßen breit. In der Kolonialzeit konnte man die Strecke Windhoek – Swakopmund nur mit Ochsenfuhrwerken überwinden – acht Ochsen fuhren nebeneinander. Genauso breit sind die Straßen im Zentrum auch heute noch.

---

1 Ein Lieferwagen mit offener Ladefläche, ein sogenannter Pick-up. Der Bakkie ist das beliebteste Auto. Auf der offenen Ladefläche wird das Vieh zum Schlachthof transportiert und die Arbeiter aufs Feld.

In den Restaurants bekommt man kaum einen Platz. Das legendäre „Brauhaus“ serviert Schweinshaxen am Fließband. Wenn irgendwann irgendwo in Namibia das Klischee vom überpräsenten deutschen Kolonialerbe in diesem Land stimmt, dann zu Weihnachten in Swakopmund. Bier fließt in Strömen und neben den Schweinshaxen sind Rouladen mit Rotkohl und Eisbein mit Sauerkraut die Renner.

„Moment mal“, könnten Sie fragen, „Eisbein mit Sauerkraut zu Weihnachten, also im namibischen Sommer? Wer soll denn das essen bei 36 Grad?“ Aber das ist es eben: In Swakopmund ist es nicht so heiß, meist nicht mal dreißig Grad. Hier an der Küste kühlen der Meerwind und der morgendliche Seenebel die Luft so ab, dass das Klima gemäßigt ist und eher einem schönen deutschen Sommer entspricht. Für die Einwohner von Windhoek und für die Farmer aus dem Landesinneren, wo die Temperaturen im Sommer ständig um die 40 Grad Marke pendeln, ist dies die zweite Attraktion Swakopmunds: Es ist kühl.

Und was macht man tagsüber? Man kann z. B. an den Strand gehen. Ein breiter Sandstrand zieht sich an der Stadt entlang. Langgestreckt und weitläufig ist der euphemistisch „Palm Beach“ genannte Abschnitt. Etwas geschützter liegen die Buchten unterhalb des Leuchtturms. Hier spielt sich mit Sonnenschirmen und Liegestühlen gutes deutsches Strandleben ab. Gäbe es noch Strandkörbe, würde Swakopmund seinem Spitznamen als „südlichstes Ostseebad Deutschlands“ tatsächlich alle Ehre machen.

Wer sich auf ein Badevergnügen freut, ist aber schief gewickelt: Die Wassertemperatur gleicht im namibischen Sommer der in der Ostsee vor Travemünde – im Frühjahr. Selten klettert sie über achtzehn Grad, zwölf bis fünfzehn Grad sind der Durchschnitt. Denn der Benguela-Strom, der hier vorbeifließt, kommt direkt aus der Antarktis. Dort schmilzt in der warmen Jahreszeit das Eis und speist die Kaltströmung, die dann geradewegs an der Westküste Afrikas nach Norden zieht. Der südwestliche Wind, der über dieses kalte Wasser streicht, der sogenannte Südwester ist dementsprechend kühl bis eisig, wenn er am Strand ankommt. Das führt zu folgendem Swakopmunder Strandphänomen: In der Sonne verbrennt man – wir sind im afrikanischen Sommer – sobald man jedoch in den Schatten geht, friert man wie ein Schneider in der achtzehn Grad kühlen Brise. Für mich bestand daher meine Swakopmunder Strandgarderobe aus Sonnenhut und Fleecepullover – immer schön im Wechsel getragen.

Ins Meer bin ich nicht gegangen, nur mit den Füßen. Auch die meisten erwachsenen Namibier waren meinem Eindruck nach sehr zufrieden damit, auf ihrem Strandstuhl unter dem Sonnenschirm zu sitzen und Bierchen auf Bierchen zu trinken. Die Kleinen tummeln sich derweil im Wasser – mit Neoprenanzug versteht sich, dann geht's. Am Strand ist es durchaus multikulturell – wenn auch mit deutschem Übergewicht. Der Wunsch, unter seinesgleichen zu sein – oder einfach die Sogwirkung der Freunde – führt dazu, dass Namibias Buren eher in Henties Baai feiern, rund fünfzig Kilometer nördlich von Swakopmund, die Baster und Coloureds in riesigen Campinganlagen noch weiter im Norden.

Meine liebste Stranderinnerung ist die an einen Vormittag, an dem ein paar Meter vor meinem Sonnenschirm in Richtung Wasser ein baumlanger Ovambo-Mann mit seiner kleinen Tochter die Strandhandtücher ausgebreitet hatte. Die Kleine war vielleicht drei Jahre alt, entzückend, mit lockigen Haaren und kurzen stämmigen Beinchen. In Erinnerung geblieben ist mir die Szene aber, weil ihr Vater mit ihr für die nächsten Stunden unermüdlich Fußball spielte. Immer wieder zeigte er ihr, wie sie den Ball richtig kicken soll, ließ auf sich schießen, führte wirkungsvolle Hechtsprünge vor, um den Schuss der Kleinen zu halten. Und er fischte den Ball wieder und wieder aus dem Wasser. Mädchen haben bei den traditionellen namibischen Völkern in der Regel keinen hohen Stellenwert. Dass ein namibischer Mann sich um ein Mädchen kümmert und mit ihr stundenlang und mit offensichtlicher Freude spielt, das sieht man auch am Strand von Swakopmund nicht alle Tage. Für mich ein weiteres Zeichen, dass auch in den einheimischen Völkern vieles in Bewegung ist.

Am selben Abend habe ich noch einen Spaziergang auf der Strandpromenade gemacht. Auch sie hat Seebad-Niveau und zieht sich viele Kilometer nach Norden. Über dem Meer neigte sich allmählich die Sonne. Einer dieser beeindruckenden namibischen Sonnenuntergänge bahnte sich an. Da sah ich am Strand eine Gruppe schwarzer Nonnen. Aufgeregt schnatternd und lachend wie Schulmädchen zogen sie die Schnürschuhe und die Strickstrümpfe aus, rafften ihre Röcke und wateten bis zu den Knien ins eiskalte Wasser.

Junge und Junggebliebene treffen sich abends in den Bars am Strand. Die einen treibt's in die Tiger Reef Bar, deren Bretter-und-Fischnetz-Konstruktion versucht, ein bisschen karibisches Flair an diesen „Ostseestrand“ zu holen. Andere besuchen eines der großen Festzelte, die in Langstrand, etwa zwanzig Kilometer südlich von Swakopmund, aufgebaut sind. Hier gibt es Konzerte, Disco, Weihnachts- und vor allem Silvesterpartys am laufenden Band. Dabei fließt der Alkohol in Strömen. Namibias Alkoholverbot beim Autofahren – es gilt eine 0,5 Promillegrenze – wird schon in normalen Zeiten nicht sehr ernst genommen. Zwischen Weihnachten und Neujahr denkt kein Mensch mehr an das Limit. Die Folge: Die schnurgerade Straße von Swakopmund nach Walvisbay ist in dem Abschnitt bis Langstrand gesäumt von Kreuzen. Jedes Jahr sterben hier in der Weihnachtszeit rund zwanzig Menschen, manchmal doppelt so viele. Eine erschreckende Statistik. Stellen wir uns vor, dass in Hamburg in der Weihnachtswoche auf dem Weg zur Reeperbahn zwanzig Menschen in ihren Autos sterben würden. Man versucht, mit Straßen- und Alkoholkontrollen die schlimmsten Exzesse zu verhindern, aber es funktioniert nicht. Kurt fasste knapp zusammen: „Langstrand ist ein Todesstrand. Da fahren wir nicht hin. Wir feiern Silvester in Walvisbay. Ich habe mit Harry gesprochen, und der reserviert uns zwei Plätze bei der Feier im Jacht- und Angelclub."

Ich hörte nur „Jachtclub" und war begeistert. Mal ein bisschen rauskommen! Gut, dass ich ein Glitzershirt eingepackt hatte und die hohen Schuhe. Ob das reichen würde? Mit einer frischen Jeans und sorgfältig geschminkt fand ich mich schick – aber ob ich fein genug wäre für einen Jachtclub? Vor meinem inneren Auge zogen Bilder von Hamburger Pfeffersäcken in ihren zweireihigen Goldknopf-Blazern vorbei, am Arm frisch ondulierte Damen im kleinen Schwarzen oder im rosa Chanel-Kostüm. So würde es doch hoffentlich nicht sein.

Stutzig wurde ich das erste Mal, als ich mich zu Kurt umdrehte, um zu fragen, ob ich wohl für den Anlass das Richtige angezogen habe. „Super, Mausi. Siehst toll aus. Ganz toll, besonders die hohen Schuhe." Mein Blick fiel auf seine Füße: Unter der gebügelten Jeans lugten Gummischuhe Marke Crocs hervor. „Was hast denn du an?", fragte ich entsetzt. „Willst du damit auf die Party gehen?" „Och, kein Problem. Ich hab gar keine anderen eingepackt, hab ich gemerkt. Wir sind ja auf Urlaub am Meer, hatte ich gedacht. Aber das ist oreit[2]. Ich kann damit mooi[3] tanzen. Wirst schon sehen." Jetzt war ich mir fast sicher, dass der Jachtclub in Namibia nicht viel mit einem in Deutschland zu tun haben würde.

Durch die nächtlichen Straßen fuhren wir Richtung Lagune. So, wie Swakopmund sein deutsches Erbe nicht verleugnen kann, sieht man Walvisbay seine Vergangenheit als südafrikanischer Militärhafen an. Die Straßen verlaufen schachbrettartig und tragen so aussagefähige Namen wie 5th Street und 7th Road. Eine Sam Nujoma Avenue gibt es natürlich auch.

Wir parkten den Wagen auf einem Schotterparkplatz. Keine Security. Das war ich aus Windhoek ja gar nicht gewöhnt, und selbst Swakop hatte doch Parkplatzwächter. Aber hier – nichts davon. Schwarze Nacht. Kurt war schon ausgestiegen, ich stöckelte hinterher. Zu meiner Überraschung nicht zu dem Restaurantgebäude linker Hand, das dunkel und leer dalag. Stattdessen nahmen wir Kurs auf eine große Halle rechts davon, aus der Licht fiel und Musik drang. „Hej!", rief ich ihm zu. „Wo gehen wir denn hin? Ist das nicht da drüben?" Er schüttelte den Kopf. „Ist im Angelclub, hat Harry gesagt, da kann man besser feiern." Wellblechbaracke, riesig, dachte ich – und sah zweifelnd auf Glitzershirt und Pumps.

Der Clubraum war ein großes, kahles Geviert, Marke Basketballfeld mit Zwölfertischen. Die meisten bereits besetzt von fröhlichen Grüppchen prostender Menschen. In der hinteren linken Ecke des Raums stand die Band – ein

---

2 Namibiadeutsch für „okay", „in Ordnung". Nach dem Englischen „alright".

3 Sprich „moi". Namibiadeutsch für „gut". „Du hast da ein moies Auto gekauft."

Mann mit Gitarre, Verstärker und seinem Laptop. Andere Frauen in Glitzershirts konnte ich nicht entdecken. Entschlossen wurde ich zu einem der Tische geführt. „Hej Harry, das ist sie. Sie kommt aus Deutschland, hab ich dir ja gesagt." Ich schüttelte artig Hände, setzte mich auf einen der freien Stühle und wartete. Verwegene Typen in Jeans und Freizeithemden überall. Zugegeben, sie hatten Schuhe an, nicht Crocs. Aber der Mann an meiner Seite passte einwandfrei hier rein. „Was trinkt ihr? Kann ich euch 'nen Wein anbieten?" Im Hintergrund der Halle hatte ich jetzt einen zweiten Raum entdeckt, offensichtlich die Bar. Die brauchten wir erst mal nicht, denn Harry hatte vorgesorgt. Auf dem Tisch stand ein 5-Liter-Kanister Rotwein, aus dem er und seine Familie – die anderen Gäste an unserem Zwölfertisch – sich fleißig die Gläser füllten. Offenbar war Mitbringen erlaubt gewesen. Und wer will schon ständig an der Bar warten müssen, wenn man Durst hat. Ich saß auf meinem Stuhl, nippte an einem Bier und blickte in die Runde. Erst acht Uhr. Das konnte ja ein langer Abend werden bis Mitternacht.

Aber weit gefehlt. Es wurde die kurzweiligste Silvesterparty, die ich je erlebt hatte. Denn, nachdem wir am Buffet eine Grundlage für den Alkohol gelegt hatten, wurde getanzt. Und wie. Unablässig, voller Spaß und jeder mit jedem. Wir tanzten „Langarm", den südafrikanischen Partytanz, der zu meinem Glück dem deutschen Discofox ähnelte, an den ich mich aus Tanzschulzeiten noch dunkel erinnerte. Wenn ich mir Mühe gab, konnte ich die diversen Schwung- und Wickelfiguren ohne weiteres mitmachen. Der Grundschritt war ein bisschen anders – aber das merkte nach ein paar Weinchen ohnehin keiner. Die Anderen fanden, ich könne Langarm tanzen.

Ganz offenbar war es hier üblich, alle Frauen aufzufordern, nicht nur die eigene. Kaum hatten wir uns zum Luftholen hingesetzt, kam irgendein Mann auf uns zu, wandte sich an Kurt und fragte: „Kann ich mit deiner Frau tanzen?“ War die Zustimmung erteilt, wirbelte er mich übers Parkett und Kurt ging zu dessen Partnerin. Ich glaube, wir haben uns auf diese Weise zweimal durch die ganze Gesellschaft bewegt. Ein paarmal mussten der Gitarrenmann und sein Laptop eine kurze Pause machen. Da hatte Harry dann Gelegenheit, uns „einen schönen Jägermeister“ auszugeben. Der Club war schließlich mit allem ausgestattet, was man so braucht für einen fröhlichen Jägermeisterabend. Es gab eine Wandzapfanlage – denn mit den kleinen Flaschen, da kommt man ja nicht nach – und große Lochtabletts, in die immer gleich eine ganze Runde der Schnapsgläser gestellt werden konnte. Schwanksicher. Das waren dann immer zwanzig, stellte ich fest, und am Tisch waren wir ja nur zwölf. Aber was machte das schon. „Dann trinke ich eben zwei“, dröhnte Harry, „die Gläser sind ja sowieso so klein.“ Nicht zum ersten Mal hatte ich das Gefühl, dass in Namibia mindestens so viel von dieser schwarzen Kräuterbrühe getrunken wird, wie im Rest der Welt zusammen.

Bald wurde der zweite 5-Liter-Kanister Wein angezapft. Aber sowohl Harry mit seiner Bärenfigur als auch seine Frau und die anderen schienen das wegzustecken, ohne erkennbar benebelt zu werden.

Harry hieß übrigens Harald und seine Familie stammt ursprünglich aus Lübeck. Vor vier Generationen waren sie nach „Südwest“ ausgewandert. Er sprach gut Deutsch, fast wie wir. Was mich erst erstaunte, als ich hörte, dass er noch nie in Deutschland gewesen sei mit seinen achtundvierzig Jahren. Und er hatte auch kein Verlangen danach. „Was soll ich da? Ich bin Namibier. Dies ist meine Heimat.“

Wir tanzten weiter. Und tanzten und tanzten. An Mitternacht und das Zuprosten kann ich mich kaum erinnern. Vermutlich haben wir mit Sekt angestoßen und uns Glück gewünscht, aber mit Sicherheit sagen kann ich nur eins: dass wir tanzten. Bis um viertel vor zwei der Mann an meiner Seite plötzlich sagte: „Wir gehen jetzt. Nimm deine Sachen." Ich wollte noch diskutieren, die Stimmung war gut, ich fühlte mich, als könne ich bis zum Morgengrauen weitermachen. Ein Blick auf ihn zeigte mir, dass es ihm ernst war. Also verabschiedeten wir uns. Im Auto folgte die Erklärung. „Ich weiß, dass du noch bleiben wolltest. Aber glaube mir: Da drin sind alle besoffen. Total besoffen. Das siehst du noch nicht, aber jetzt geht's gleich los. Gleich fallen die Ersten einfach um. Und wenn wir Pech haben, dann gibt's 'ne Schlägerei. Da willst du sicher nicht dabei sein. Wenn sich diese Jungs prügeln, prügeln sie sich richtig." Da hatte er natürlich Recht. Wenn ich etwas in Erinnerung behalten wollte, dann die wundervolle, ausgelassene Partystimmung. Ich sah mir Kurt genau an und merkte, dass auch er die Augen so merkwürdig zusammenkniff. „Ich fahr uns nach Hause", entschied ich, nahm den Autoschlüssel und erntete keinen Protest.

Danke fürs Essen

Welche Freuden man mit Jugendlichen in Namibia erleben kann. Und: Haben koloniale Werte eventuell doch Vorteile?

Als ich nach Namibia zog, lernte ich nicht nur ein neues Land kennen, sondern fand auch einen neuen Lebensinhalt. Viele meiner Freunde sind überzeugt, dass die atemberaubende Natur und die Exotik in einem so fremden Land für mich die größte Attraktion sind, aber sie täuschen sich. Zu den Highlights meines Lebens in Namibia gehören vor allem Sven und Thomas, die Söhne des Mannes an meiner Seite. Sie sind ganz unerwartet zu einer festen Größe in meinem neuen Leben geworden, verbringen Wochenenden und Ferientage bei uns, auch schon mal eine volle Woche in der Schulzeit. Und falls jemand fragt: „Ja, es ist anstrengend. Jugendliche sind anstrengend." Das gehört sozusagen zum Berufsbild des Teenagers dazu. Wir erleben alles, was Familien in Deutschland auch kennen: Streit um das pünktliche Erledigen der Hausaufgaben, Streit unter den Brüdern, Streit darum, ob man noch gehorchen muss oder ob man schon groß genug ist, selbst zu entscheiden. Dazu

Liebeskummer, Diskussionen über Partys, über Alkohol, über alles. Schmollereien, Schreien, Wüten.

Doch das ist mir ganz egal. Zum einen, weil es diese wunderbaren anderen Zeiten gibt, in denen wir Dinge unternehmen, die ich sonst nie gemacht hätte. Zum Beispiel Rugby im Stadion anschauen, Fußball im Fernsehen mit Bierchen, Fanbemalung und Vuvuzela. Oder wir spielen stundenlang und mit wachsender Begeisterung Frisbee-Golf auf der Playstation. Der wahre Grund, warum ich all den Ärger und die Konflikte so gerne in Kauf nehme, ist, dass sie bezaubernd sind. Und höflich – zumindest, wenn sie gerade keinen Wutanfall haben – und sie sind dankbar. Dankbar für alles, was man für sie tut.

„Was heißt das denn?“, fragt mich meine Hamburger Freundin. „Natürlich sind Kinder dankbar. Aber sie zeigen es nicht.“ „Eben doch“, kann ich da nur sagen. Namibische Kinder zeigen es und sagen es auch. Sie kommen zu uns ins Haus, geben mir die Hand und sagen: „Danke, dass ihr uns eingeladen habt.“ Wir machen einen Mittagsimbiss, und sie loben das Essen und bedanken sich hinterher. „Danke, dass wir hier essen konnten.“ oder „Danke für die Mühe, die du dir gemacht hast.“ Wenn ich das meiner Freundin erzähle, denkt sie, sie hört Geschichten aus einem dieser 50er Jahre Internatsfilme, wo alle mit Zucht und Ordnung zu perfekten Manieren gedrillt wurden. Ihre Söhne, die ich sehr gern habe, würden wohl niemals von sich aus sagen: „Danke, Mama, dass du dir so viel Mühe für uns gemacht hast.“ Vielleicht brummelt einer ein „Schmeckt eigentlich ganz gut“ in seinen noch kaum vorhandenen Bart. Aber mehr? Mehr kann man in Deutschland Anfang des 21. Jahrhunderts nicht erwarten. Sind also namibische Kinder besser erzogen als deutsche? „Na ja“, denke ich, „irgendwie schon.“ Ich höre „Guten Tag“, wenn sie kommen, „Danke und auf Wiedersehen", wenn sie gehen und viel Lob für die Kochkunst der Hausfrau. Das wärmt mein Herz doch sehr und motiviert mich, sie immer wieder bei uns zu haben und mit neuen Leckereien zu überraschen. Denn sie freuen sich jedes Mal. Essen, leckeres Essen ist in Namibia noch immer nicht selbstverständlich.

Sven hat einen Freund, Benny. Der isst sehr gerne bei uns zu Mittag. Ich glaube, am liebsten würde er jeden Tag nach der Schule zu uns kommen. Wenn die Jungs am Tisch sitzen und ihre gigantischen Portionen Spaghetti Bolognese oder Hühnchencurry oder Königsberger Klopse auf dem Teller haben, dann legt sich Stille über unseren Esstisch. Der alte Satz meiner Eltern „Beim Essen wird nicht geredet" ist hier völlig überflüssig. Die Jungs essen mit stiller Hingabe und Konzentration – so als wäre dies die erste Mahlzeit, die sie seit Tagen erhalten haben. Natürlich wird der Teller noch ein zweites Mal gefüllt und geleert. Dabei kann dann schon mal ein „Schmeckt das gut" oder „Danke, das ist echt lecker" fallen. Wenn wir alle aufgegessen haben, dann warte ich, denn ich weiß, was als Nächstes kommt: Benny wird mit einem Blick auf die fast leeren Schüsseln auf dem Tisch ganz ruhig und höflich fragen: „Möchte noch jemand etwas?" Und wenn wir verneinen: „Könnte ich mir den Rest nehmen?" Auf mein zustimmendes Nicken wird jeder Rest aus den Schüsseln auf den Teller gekratzt, sodass man Angst um das Dekor auf dem Geschirr bekommt, und verputzt. Abwaschen muss man danach kaum noch, so sauber ist selbst der letzte Soßenrest aufgegessen.

„Okay", könnten Sie sagen, Benny ist bestimmt ein Einzelfall. Ich habe ihn mal gefragt, rein aus Neugier, was es denn bei ihm zuhause so zu essen gibt. „Och", hat er da geantwortet, „meine Ma hat es nicht so mit dem Kochen." Da hatte ich meine Antwort. Ich kenne seine Mutter, eine nette, berufstätige Frau wie tausend andere. Benny ist sicher keine Ausnahme, weder in Namibia noch in Deutschland. Auch Sven und Thomas, bei denen beide Mütter, die echte und die zugereiste, „es sehr mit dem Kochen haben", freuen sich über leckeres Essen und können das auch sagen. Wo ist das nur in unserer europäischen Welt geblieben?

Kindheit in Windhoek ist natürlich keine Filmidylle, auch wenn der Eindruck bis hierher vielleicht entstanden sein könnte. Als ich nach Namibia zog, dachte ich, hier aufzuwachsen, das müsse doch paradiesisch sein. In dieser großartigen Natur, mit ewig schönem Wetter, mit wilden Tieren im Busch – eine Kindheit wie aus dem Bilderbuch.

Aber so ist es gar nicht. Zumindest heute nicht mehr. Der Mann an meiner Seite erzählt gerne von seiner Kindheit in der Nähe des Avisdamms. Er ist den ganzen Tag draußen herumgestreift und kannte schon damals alle Vögel und Pflanzen. Nachmittags fuhren sie mit dem Fahrrad über die unbefestigten Straßen in die City, um im Kino als Platzanweiser zu arbeiten. Das klingt für mich sehr idyllisch. Vielleicht leben Kinder auf den Farmen Namibias heute noch so, zumindest, bis sie in die Schule kommen. Denn dann ist es auch für sie mit den Tagen im Busch vorbei. Sie müssen in die Schule, und die ist in der Regel so weit entfernt, dass sie im Internat wohnen, das hier Schülerheim genannt wird. Wer Glück hat, dessen Farm liegt nicht allzu weit entfernt und er kann am Wochenende nach Hause. Ich habe mit Farmern gesprochen, die jeden Freitag drei Stunden nach Windhoek fahren, um ihre Kinder von der Schule abzuholen. Montagmorgens fahren sie um vier Uhr früh wieder los, damit die Kinder zum Unterrichtsbeginn um sieben da sind. Die haben Glück. Andere können nur in den Ferien oder über die Feiertage nach Hause, den Rest der Zeit leben sie in Windhoek, Swakopmund oder Keetmanshoop im Heim.

Für die Kinder und Jugendlichen, die in einer größeren Stadt bei ihren Familien wohnen, ist das Leben längst nicht mehr die Idylle von einst. Nehmen wir Windhoek: Namibias Hauptstadt hat sich weit in die sie umgebenden Hügel ausgebreitet. Ein- oder zweigeschossige Bungalows mit Gärten hinter hohen Mauern mit Stacheldraht säumen die asphaltierten Straßen. Um den wachsenden Bedarf nach bezahlbarem Wohneigentum zu befriedigen, sind in den letzten Jahren zudem in den Stadtteilen Olympia und Kleine Kuppe im Süden der Stadt ausgedehnte Reihenhaussiedlungen entstanden. Raupengleich winden sich die Häuserreihen die Hügel hinauf, von hohen Mauern umgeben, die den Komplex schützen sollen. Der Weg in die Schule ist nicht mehr mit dem Fahrrad zu bewältigen, zu weit ist er geworden und zu dicht und gefährlich der Verkehr. Auch wenn wir Europäer die Klagen der Windhoeker über den „furchtbaren Berufsverkehr" mit einem kleinen Lächeln anhören: Morgens, mittags und am späten Nachmittag herrscht dichter Verkehr auf den Straßen.

Das wahre Problem für die Fahrrad fahrenden Kinder sind dabei die Taxis. Wie in vielen Entwicklungsländern ist Taxifahren eine attraktive Beschäftigung. Die Arbeit ist leicht und der Verdienst scheint gesichert, denn Taxis sind das wesentliche Beförderungsmittel der schwarzen Bevölkerung. Wer in Katutura wohnt und in Windhoek arbeitet – also zigtausend Menschen – wartet morgens und nachmittags auf einen der uralten, immer überfüllten und meist verspäteten städtischen Busse. Sie shufflen die Arbeiter von Katutura in Windhoeks Stadtteile und zurück. Oder man fährt Sammeltaxi. Natürlich tun das alle, die es sich irgendwie leisten können. Wenn wir nur von dreißigtausend Menschen ausgehen, die morgens nach Windhoek hineinfahren, sind das bei drei Passagieren pro Taxi rund zehntausend Wagen, die in der Rushhour durch die Straßen kreuzen. Mit waghalsigen Manövern versuchen sie, den nächsten Fahrgast zu erwischen, bevor die Konkurrenz ihn schnappt. Ein Verkehrschaos ersten Ranges – und kein Platz für Fahrrad fahrende Kinder.

„Gibt es denn keine Schulbusse?", könnte man fragen. „Oder Stadtbusse, mit denen die Kinder zur Schule fahren, so wie bei uns?" Nichts davon existiert, nur die Shuttlebusse von und nach Katutura. Davon abgesehen ist öffentlicher Nahverkehr in Windhoek unbekannt. Und das hat viele Folgen für die Schulkinder – und ihre Eltern. Denn es bedeutet, dass die lieben Kleinen permanent gefahren werden müssen. Um sieben Uhr müssen sie in der Schule sein. Dadurch wird auch in den meisten namibischen Firmen schon ab Viertel nach sieben gearbeitet. Die Eltern fahren weiter zur Arbeit, nachdem sie ihre Sprösslinge abgesetzt haben. Und dann müssen die Kinder mittags von der Schule abgeholt werden. Also düsen Tausende von Müttern mittags aus dem Büro oder Geschäft und holen ihre Kinder von der Schule, bringen sie nach Hause, machen ihnen schnell etwas zu essen und rasen zurück zur Arbeit. Und wenn nachmittags Sporttraining ansteht oder weitere Schulveranstaltungen? Dann muss man wieder für eine Stunde weg und wieder Mamataxi spielen. Ich konnte mir anfangs nicht vorstellen, dass das ständige Verschwinden vom Arbeitsplatz toleriert wird. Aber hier geht es allen Eltern so. Auch Vorgesetzte haben das gleiche Problem und wissen um die Unmöglichkeit, es anders zu lösen.

Für die Kinder heißt das: Alle Unternehmungen, die nicht Pflichtprogramm in der Schule oder dem Sportverein sind, stellen eine unzumutbare Belastung für den elterlichen Fahrdienst dar. Nur wenige chauffieren bereitwillig ihren Sohn nachmittags zu seinen Freunden zum Computerspielen oder ihre Tochter zum Bummeln in die Mall. Glück hat, wessen Freunde im selben Stadtviertel oder Vorort wohnen, sodass man sie zu Fuß oder mit dem Fahrrad erreichen kann. Wenn das nicht klappt, bleibt nach den Hausaufgaben nur die Playstation.

Ich wollte es am Anfang nicht glauben: Da wohnen die Kinder in einem der schönsten Länder der Welt und womit verbringen sie ihre Freizeit? Im Busch? Und lernen, wie man die Vögel Namibias auseinanderhält oder wie man einen Kudu verfolgt und schießt, das Fleisch zerlegt und konserviert und so weiter? Nein, sie sitzen vor der Playstation und ziehen mit ihren virtuellen Kumpels durch imaginäre Welten, in denen sie mit Phantasiewaffen Monster erlegen. Stundenlang. Tag für Tag.

Am Wochenende fahren sie manchmal raus aus der Stadt in den Busch zum Campen. Denn in Windhoek gibt es sehr wenige Attraktionen für Kinder oder Jugendliche. Kartbahn, Halfpipe – Fehlanzeige. Selbst die Minigolfbahn ist verfallen. Freitagnachmittag, nach der Schule, trifft man sich daher im Einkaufszentrum, der Maerua Mall. Dort sitzen sie auf den Bänken und quatschen. Vielleicht laufen sie einmal durch die Mall und schauen, ob es ein neues Playstation-Spiel gibt oder eine neue DVD. Alternativ kann man ins Kino gehen, wenn das Taschengeld noch reicht, und den neuesten Marvell-Actionfilm anschauen.

Als Sven und Thomas das erste Mal mit mir in Deutschland waren, konnten sie nicht glauben, wie frei das Leben für Teenager in Hamburg ist. Überall mit Bussen und Bahnen hinfahren zu können, Konzerte, Kinos und Hunderte von attraktiven Plätzen zum kollektiven „Abhängen“. Für sie war das die wahre Freiheit.

Der Knabe im Moor

Womit namibische Kinder im Deutschunterricht ihre Zeit verbringen. Und: Wofür qualifiziert Annette von Droste-Hülshoff?

O schaurig ist's übers Moor zu gehn,
Wenn es wimmelt vom Heiderauche,
Sich wie Phantome die Dünste drehn
Und die Ranke häkelt am Strauche,
Unter jedem Tritt ein Quellchen springt,
Wenn aus der Spalte es zischt und singt –
O schaurig ist's übers Moor zu gehn,
Wenn der Röhricht knistert im Hauche!

Fest hält die Fibel das zitternde Kind
Und rennt, als ob man es jage;
Hohl über die Fläche sauset der Wind –
Was raschelt drüben am Hage?
Das ist der gespenstische Gräberknecht,
Der dem Meister die besten Torfe verzecht;
Hu, hu, es bricht wie ein irres Rind!
Hinducket das Knäblein zage.

Sven ist sauer. Der Blick, den mein siebzehnjähriger Ziehsohn auf sein Schulheft wirft, könnte die Blätter in Flammen setzen, so zornig ist er. Da ist endlich Wochenende, man will mal ausspannen, mit den Maats Party machen und ein Bierchen trinken, und jetzt das: Er muss am Montagmorgen eine Gedichtinterpretation abgeben. Die Deutschlehrerin hat keinen Zweifel daran gelassen, dass sie ihn diesmal nicht davonkommen lassen wird. Er muss einen guten Essay über dieses Gedicht schreiben, sonst besteht er nicht. In Deutsch braucht er mindestens ein „C", oder die Versetzung ist gefährdet.

„Aber wrachies[1], wie soll ich das machen?" Der Zorn ist weg und in seinem Gesicht sind jetzt nur noch Frustration und Verzweiflung zu lesen. „Ich verstehe diese Wörter gar nicht. Ist das wirklich Deutsch?"

Ich nehme mir sein Schulheft und seufze: Was reitet einen Deutschlehrer in Namibia, mit Jugendlichen, die Deutschland nie gesehen haben, ausgerechnet solche Gedichte zu besprechen? Sie kennen kein Moor, neblige Novemberstimmungen sind ihnen völlig fremd, und ihr Wortschatz ist im besten Fall heutigem Alltagsdeutsch gewachsen.

Ich erkläre, dass ein Moor das gleiche ist wie ein Sumpf – wie Quicksand, wie in dem Videospiel, wo Monster Menschen an den Füßen packen und unter die Oberfläche ziehen. „Ach so, das ist ein Swamp, das verstehe ich." Auch „schaurig" kann ich so erläutern – eine unheimliche Stimmung, wie die Kulisse von Nazi Zombies auf der Playstation. Alles klar.

---

[1] Nach dem Afrikaansen „wraggies" oder „wragtag". Ein bekräftigender Ausruf oder Zusatz, etwa wie „wirklich" oder „unglaublich!"

Danach wird es schwieriger: wimmeln, Heiderauche, Ranke, häkeln, Quellchen, Hauche – keine Zeile erschließt sich ohne Wörterbuch bzw. ohne Erklärungen. Wohl dem, der eine aus Deutschland zugereiste Stiefmutter hat. Ich frage mich, welche der deutschstämmigen Eltern, die ich kennengelernt habe, sich in romantischer Dichtung zuhause fühlen. Andererseits haben sie wahrscheinlich dasselbe Gedicht vor dreißig Jahren bei dem selben Lehrer durchgenommen. Möglicherweise erinnern sie sich noch.

Wir konnten dann nach zähem Ringen und mit vielen Analogien zu Fantasy-Filmen und Videospielen – Was ist ein Gräberknecht? – den Sinn für Sven entschlüsseln. Und er hat sich ernsthaft bemüht, dazu den verlangten Essay zu schreiben. Dass er wenig mehr als eine grobe Nacherzählung der Geschichte zustande brachte, hat mich nicht überrascht. Wo sollte er denn hier den persönlichen Bezug finden als Anstoß für seine Interpretation? Dabei bin ich ein Lyrik-Fan: Gedichte sind meiner Meinung nach ein wunderbares Mittel, um Emotionen ver- und aufzuschlüsseln, und sie können auch Teenager gut erreichen – letztlich sind sie von Songtexten gar nicht so verschieden. Aber wäre es nicht sinnvoll, zunächst modernere, lebensnahe Autoren zu wählen? Vielleicht würde mir der Verantwortliche für den Unterricht an deutschen Auslandsschulen erwidern, dass man gerade diesen Kindern, die so fern von der „kulturellen Heimat" aufwüchsen, vermitteln müsse, was deutsche Kultur und Wesensart ausmache. Da müsste ich ihm erwidern, dass unsere Kultur, Geschichte und Lebensart bei den deutschstämmigen namibischen Jugendlichen so wenig bekannt und verankert sei, dass man ganz woanders anfangen solle.

Ein Jahr später hatte Sven seinen Schulabschluss nach der 12. Klasse, die Matrik, geschafft. Er entschloss sich, nach Deutschland zu gehen und sich dort einen Beruf zu suchen. Zunächst ging er, weil ihm eine süße Münchnerin den Kopf verdreht hatte. Als die Liebe endete, blieb er, denn er hatte mittlerweile schätzen gelernt, wie frei und sicher das Leben in Deutschland ist. Diese Sicherheit wollte er verteidigen und zur Polizei gehen. Das aber war nicht möglich, denn sein schriftliches Deutsch war so fehlerhaft, dass er den Einstellungstest nicht bestand. Die Rekrutierungsbeamten waren verwirrt. „Wie kommt es", fragten sie, „dass jemand so flüssig und gut Deutsch spricht – und es so schlecht schreibt?" Ich hätte es ihnen erklären können. In ihren letzten Schuljahren beschäftigen sich die namibischen Jugendlichen im Deutschunterricht mit Randinhalten und erschließen sich z. B. den zweihundert Jahre alten Wortschatz einer Annette von Droste-Hülshoff. In dieser Zeit hätten sie auch üben können, einwandfrei zu schreiben, was sie ja mündlich wunderbar beherrschen. So wäre ihnen zwar nicht der Zugang zu einem Stützpfeiler ihrer Kultur geöffnet worden, aber dafür die Tür zum Leben und Arbeiten in Deutschland. Zugegeben, man kann nicht alle deutschen Kinder über einen Kamm scheren. Kinder der ersten Auswanderergeneration, deren Eltern als Erwachsene eingewandert sind und noch starke verwandtschaftliche Beziehungen in die alte Heimat haben, sprechen und schreiben in der Regel gutes Deutsch. Sie haben oft auch eine gute Allgemeinbildung, die von den Eltern vermittelt wird. Die Kinder der deutschen „Südwester" aber, deren Eltern bereits seit mehreren Generationen Namibier sind, sind Afrikaner. Das Heimatland der Eltern verschwindet von ihrem Horizont.

In der Schule spielt die alte Welt, Europa, grundsätzlich kaum eine Rolle. Es ist auch verständlich, dass die namibischen Lehrpläne nach der „Befreiung" den bis dato vorherrschenden Fokus auf die Geschichte der Kolonialherren verändert haben. Für die Schüler ist es sicher sinnvoll, die Historie Namibias zu lernen, die der Völker und Stämme und ihrer Führer, ihre Kriege, Siege und Niederlagen. Aber: Reicht es aus, zu wissen, wer Henrik Witbooi und Maherero[2] waren? Kann man dafür Napoleon, Bismarck und Stalin ignorieren? Ganz zu schweigen von Hitler, Willy Brandt und Helmut Kohl? Kinder in Namibia lernen so gut wie nichts über Weltgeschichte und -politik. Das ist nicht nur für die weißen Kinder ein ernsthaftes Hindernis bei ihrer beruflichen Entwicklung. Ich frage mich oft, wie es den schwarzen Schülern geht, die ein Universitätsstudium und eine der gehobenen Stellungen in Politik und Wirtschaft anstreben. Würden nicht auch sie davon profitieren, wenn sie wüssten, welche Länder der Welt demokratisch und welche totalitär regiert sind, oder wie diese Regierungssysteme funktionieren? Von solchen Inhalten ließe sich eine Brücke zur Kolonialgeschichte schlagen und zu ihrem Niedergang. Am Ende könnte wieder der siegreiche Kampf der herrschenden Partei SWAPO stehen, der heute fast allein den Geschichtsunterricht bestimmt.

Warum aber nutzen die deutschen Lehrer, die diesen Zustand ja kennen, ihren Unterricht nicht, um die schlimmsten Löcher zu flicken? Es gibt genug Literatur, auch Lyrik, mit der man zum Beispiel die deutsche Teilung und ihr Ende 1989 besprechen könnte. Ich wollte nicht glauben, wie wenig deutsch-namibische Teenager über diese für uns so zentralen Ereignisse der jüngeren Geschichte wissen. Ihre wenigen Informationen haben sie zum Großteil aus

2 Herero-Anführer im Kampf gegen die deutsche Kolonialmacht, der zunächst mit den Deutschen paktiert hatte, sich aber später dem Nama-Führer Henrik Witbooi im Kampf gegen die Schutztruppen anschloss.

Videospielen und Hollywoodfilmen. Ob die Schule immer noch das Ziel hat, Schüler für ihr Leben auszubilden? Dann könnte der Deutschunterricht dafür sorgen, dass sich ein deutschstämmiger junger Mann in Berlin nicht furchtbar blamiert, weil er keine Ahnung hat, wo die Kommunisten waren – in West- oder Ostberlin.

Mit Thomas, Svens Bruder, bin ich in die deutsche Hauptstadt gefahren, und wir haben uns alles angeschaut. Wir liefen die ganze Mauer entlang – bzw. an dem, was von ihr übrig war. Thomas konnte nicht verstehen, dass etwas so Monumentales so spurlos beseitigt werden kann. Wir standen am Checkpoint Charlie, zusammen mit Tausenden von anderen Touristen, und versuchten es uns vorzustellen: Da, wo wir heute die mit grellen Farben bemalten Mauerstücke sehen, herrschte einst die Tristesse des Todesstreifens. Thomas suchte in allen Andenkenläden nach dem ultimativen Mitbringsel aus Berlin: Ein Bierkrug mit einem Stück Mauer auf dem Deckel sollte es sein. Wir fanden Maßkrüge und eine unglaubliche Anzahl kleiner Mauerstückchen zu kaufen. Da gab es so viele Mauerbröckchen, alle mit Spuren in fröhlichen Pastellfarben, dass ich jetzt sicher bin: Mindestens ein chinesisches Dorf lebt gut davon, immer wieder Mauern zu erbauen, natürlich nach dem originalen Zementmischrezept der DDR von 1961, und sie zu bemalen. Dann zerschlagen sie sie in Stückchen und verschiffen sie zusammen mit hübschen Echtheitszertifikaten in die Andenkenläden Berlins. Vermutlich könnte man mittlerweile eine Mauer quer durch Europa bauen, würde man alle diese Andenkenstückchen wieder zusammensetzen. Am Ende unseres Berlinaufenthaltes hatte Thomas übrigens den Bogen raus: Er erkannte ohne Fehler, ob wir uns nun im „alten" Westen der Hauptstadt befanden oder im neu renovierten Osten – an den Ampelmännchen.

Dass Thomas problemlos nach Berlin reisen und dass sein Bruder sogar in Deutschland arbeiten kann, liegt an ihrer doppelten Staatsbürgerschaft. Durch ihren deutschstämmigen Vater sind sie Deutsche. Unsere Behörden, die ja sonst keine Freunde von Besitzern zweier Pässe sind, drücken für die rund zwanzigtausend Urenkel der Kolonialisten beide Augen zu. Anders der namibische Staat: Er toleriert keine zweite Staatsbürgerschaft neben der eigenen – auch wenn das nach der Verfassung möglich ist. Vor kurzem hat eine Namibierin geklagt, die durch ihre Heirat mit einem Südafrikaner auch die dortige Staatsbürgerschaft erhielt. Als das herauskam, nahmen ihr die Grenzbeamten ihren namibischen Pass ab. Sie musste bis zum obersten Gericht gehen, bis endlich festgestellt wurde: Wer in Namibia geboren ist, besitzt die Staatsbürgerschaft des Landes, und die kann ihm auch nicht abgenommen werden. Auch dann nicht, wenn er eine zweite dazubekommt. Nur leider glaubt niemand, dass sich dieses Urteil schon bis zu den Grenzbeamten am Husea-Kutako-Flughafen herumgesprochen hat. Und wer will schon seinen Pass erst einklagen müssen. Also bekommen weiterhin alle Deutsch-Namibier, die nach Europa fahren wollen, von der Botschaft in Windhoek ein Schengen-Visum in den Pass gestempelt – kostenlos und unbürokratisch schnell. So können sie mit dem namibischen Pass ohne Probleme ausreisen. Wieder und wieder prägten sich die Kinder ein, an welcher Grenzstelle sie welchen Pass zeigen durften und wo sie den anderen verbergen würden. Ich bin sicher, sie fühlten sich wie Geheimagenten.

Leben mit hohen Mauern

Warum es sicherer ist, wenn man fürs Fensterputzen etwas länger braucht. Und: Wo ist es gefährlich in Namibia und warum?

Namibia ist ein Touristenparadies. Der Reisende fährt stundenlang durch menschenleere Landschaften und genießt atemberaubende weite Wüsten. Er erfreut sich an spektakulären Stein-, Fels- und Granitlandschaften und einer faszinierenden Tierwelt, in der die kleinen Helden, wie der Palmatogecko in der Swakopmunder Wüste, genauso beeindrucken wie eine Elefantenherde in der Etoshapfanne. Die größte Gefahr, die dem Reisenden auf seiner Tour durch das Land droht, ist, weit ab von jeder Siedlung, eine Reifenpanne zu haben, aber keinen ordentlichen Ersatzreifen und kein gutes Werkzeug. Dann steht er da. Der nächste Mensch kommt vielleicht in drei Stunden vorbei – und eventuell hat er nur einen Esel dabei, sonst nichts. Der Nächste mit Auto und Wagenheber kommt möglicherweise erst weitere drei Stunden später. Das ist nicht angenehm und kann auch gefährlich werden. Aber von Menschen geht diese Bedrohung nicht aus – das Problem ist eher ihre Abwesenheit.

In Windhoek ist das anders – hier kommen eher zu viele Menschen vorbei und nicht alle haben Gutes im Sinn. Ältere Leute – und ich meine Fünfzigjährige und nicht neunzigjährige Greise – erinnern sich an eine Kindheit und Jugend, in der alle Häuser unverschlossen waren. Heute ist Windhoek in dieser Beziehung eine der fortschrittlichsten Städte der Welt. Ausgeklügelte Sicherheitssysteme, die man in der „Ersten Welt“ nicht besser finden würde, schützen die „drinnen“ vor denen, die „draußen“ sind und bleiben sollen.

Wenn ich morgens mit dem Hund spazieren gehe, muss ich erst alle Fenster zumachen, damit wehende Gardinen keinen Fehlalarm im Haus auslösen. Danach schließe ich die Tür, hole das Auto aus der – natürlich verschlossenen – Garage, öffne das elektrische Tor, fahre raus. Dann muss ich das Tor wieder verschließen und den Alarm per Fernbedienung scharf schalten. Für jeden dieser Vorgänge gibt es einen Knopf auf dem kleinen Bedienelement, das an meinem Schlüsselbund hängt. Wenn ich dann merke, dass ich die Leckerchen für den Hund im Haus vergessen habe, geht der ganze Vorgang retour: Tor auf, reinfahren, Tor zu, Alarm aus, Haus auf, Leckerlis einstecken, raus – und dann alles wieder von vorne.

Ich kam mir anfangs vor wie eine Technik-Legasthenikerin. Es dauerte Wochen, bis ich mir die Zuordnung der Knöpfe auf dem Schaltpult der Alarmanlage gemerkt hatte. Aber ich glaube, mein Unterbewusstsein wollte einfach nicht glauben, dass das alles nötig ist.

Unser Haus haben wir vor allem deswegen ausgesucht, weil es an einen Hang gebaut ist. Die Garagen sind auf der Einfahrtsebene, dann führen Stufen hinauf zum Wohnbereich. So kann ich aus dem Fenster gucken und sehe die riesige Hakendornakazie – und nicht die Mauer mit dem

Elektrozaun. Die liegt eine Ebene tiefer, und dank der Hanglage schaue ich über sie hinweg. Als wir auf Haussuche waren, hatte man uns einige ebenerdige Bungalows gezeigt. Vorne die Mauer, dahinter ein recht ansehnlicher Garten mit Grillplatz und allem Drum und Dran, dann das Haus. Vor den Schlafzimmerfenstern sah ich noch gut zwei Meter Gartenfläche, daran schloss sich schon die Mauer mit dem Stacheldraht an: „Prima", dachte ich. „Fans der Seifenoper ‚Hinter Gittern' kommen hier voll auf ihre Kosten. Kann es wirklich sein, dass das die naturbegeisterten Namibier nicht stört?" Vielleicht erinnert es sie an die Dornenhecken, die die ersten Lager der Siedler vor wilden Tieren – und wilden Menschen – schützen. Für mich war es unvorstellbar, mein Leben in diesem weiten Land zu verbringen und jeden Tag aus dem Schlafzimmer auf eine Gefängnismauer zu blicken.

Die Lösung war dann relativ einfach: ein Haus am Hang. Unser Grundstück zieht sich in Terrassen einen der Hügel hinauf, die den Avisdamm umgeben, und von fast jeder Ebene habe ich einen freien Blick – über die Mauern und Elektrozäune hinweg.

Und vor allem hat unser Haus Butzenscheiben. Dabei bin ich nicht eine von den Frauen, die sich beim Fensterputzen entspannen. Ganz und gar nicht. Aber durch die eisernen Gerüste, die die Fenster in etwa fünfzehn mal zwanzig Zentimeter große Rechtecke einteilen, sind sie sicherer. Die Versicherungsgesellschaft, die in ihren Verträgen ungesicherte Fenster nicht akzeptiert, ist zufrieden. Und sie helfen auch tatsächlich: Wer hier eindringen will – nachdem er zum Beispiel eine alte Matratze über den Stacheldraht gelegt, dann den Elektrozaun überbrückt oder durchgeknipst hat und nun vor dem Haus steht – der muss dann doch eine Menge Eisenstreben mit seinem Bolzenschneider durchtrennen oder aufhebeln, bis er im Haus steht. Das verschafft uns Zeit, in der die Sirene heult und der pflichtgemäß beauftragte private Wachtrupp – auch das verlangen die Versicherungen – zur Hilfe kommen kann.

Unser Nachbar, nur zwei Häuser weiter, hat moderne Fenster. Große Panoramascheiben zum Garten, durch die er auf den Swimmingpool und in den Busch schauen kann. Abends kann er auf dem Sofa sitzen, über die Mauer in den Berg schauen und mit Glück die Kudus sehen, die dort zum Avisdamm wechseln. Malerisch. Aber gute Sicht hatten auch die Einbrecher, nämlich von der Anhöhe direkt in sein Wohnzimmer. In der Mauer war ein Tor – damit der Gärtner die Gartenabfälle unkompliziert gleich im Busch entsorgen konnte. Das Tor war schnell aufgebrochen. Mit wenigen Schritten waren sie am Haus, zwei Backsteine ließen die Panoramafenster zusammenrieseln und die Tsotsis[1] standen vor dem Hausherrn – mit Brechstangen in der Hand, die sie ihm kräftig über den Kopf zogen, um ihn gefügig zu machen. Seine Frau hatte sich mit den Kindern im Bad eingeschlossen und versuchte, dort aus dem Fenster zu klettern, um Hilfe zu holen. Dabei brach sie sich ein Bein. Denn das Fenster war hoch über dem Boden. Glücklicherweise konnte sie aber zur Straße robben. Der Nachbar auf der anderen Straßenseite hörte sie und alarmierte die Polizei. Dieser Fall ging relativ gut aus: Der Mann überlebte, wenn auch schwer verletzt, und seine Kinder und seine Frau waren mit dem Schrecken bzw. einem gebrochenen Bein davongekommen.

Wie unvermittelt die Gewalt in dein Leben treten kann. Und wie schnell auch die Stimmung umkippt und aus dem

[1] Sprich „Tschotschi". Südafrikanischer Slang für „Strolch" oder „Straßenräuber".

Touristenparadies der Wilde Westen wird: Kaum waren Wachdienst und Polizei mit quietschenden Bremsen vorgefahren und hatten den flüchtenden Verbrechern hinterhergeschossen, stand der Mann an meiner Seite auf der Terrasse, mit gezogener 357-Magnum in der Hand. Und auf den umliegenden Veranden sah ich überall das gleiche Bild: Männer in unterschiedlicher Nachtbekleidung mit einer Waffe im Anschlag.

Hatte denn unser Nachbar keine Waffe gehabt? Natürlich hatte er, wie alle hier. Aber die Kerle waren durch die Panoramafenster so schnell eingedrungen, dass er gar keine Zeit hatte, den – wegen der Kinder – gesicherten Waffenschrank aufzuschließen. Pech. Doppelt Pech, dass die lieben Kleinen offenbar an der Alarmanlage rumgespielt hatten, sodass der Notruf und die Panikbuttons nicht funktionierten. Und dreimal Pech, dass der große scharfe Schäferhund, der mich jeden Tag aufs Aggressivste am Gartenzaun verbellte, an diesem Tag im straßenseitigen Grundstücksteil eingesperrt war. So konnte er nicht nach hinten gelangen, wo die Burschen eindrangen. Merke: Ein Hund nützt dir nur, wenn er immer überall hinkommen kann.

Tagelang war dieser gewalttätige Einbruch Gesprächsthema in Windhoek. Wo immer wir Bekannte trafen, war dies die erste Frage „Habt ihr schon von Dr. Schröder gehört?“, fragte uns auch die Frau hinter der Wursttheke bei Spar, noch bevor sie sich erkundigte, ob wir heute Sülze oder Leberwurst wollten.

Und deswegen sind aufgesprungene Hände vom Fensterputzen ein kleiner Preis: Meine Butzenscheiben hätten mir im Falle so eines Einbruchs genau den Zeitvorsprung verschafft, den ich brauche, um auf einen der vier (!) im Wohnzimmer strategisch verteilten Panikbuttons zu drücken und den Alarm auszulösen. Diese Zeit verschafft mir auch mein zweites, bizarres Sicherheitsfeature: die Gittertür. Vor unserem Schlafzimmer haben wir eine eiserne Ziehharmonikatür einbauen lassen. Der Hersteller sagt, man könne sie nicht aufhebeln, weil sie flexibel sei und keinen Widerstand böte. Man soll zehn Minuten benötigen, um sie aufzuschneiden. Das reicht: In dieser Zeit bin ich am Nachtisch, habe wie Dirty Harry – oder eher wie Annie Oakley – die 357-Magnum geholt und angelegt. Bis sie die Tür auf haben, falls der Alarm sie nicht schon in die Flucht schlägt, habe ich eine gute Chance, Hilfe zu rufen. Der Wachdienst, vielleicht sogar die City Police oder die Nachbarn, einer wird schon kommen.

„Das sind ja Zustände bei euch wie in Südafrika", sagen meine deutschen Freunde, wenn ich ihnen solche Geschichten erzähle. Nein, das ist nicht wahr. In Namibia wird dein Auto nicht an der Ampel angehalten, und du wirst nicht aus dem Wagen gezerrt. Hier kannst du dich – zumindest tagsüber in den meisten Vierteln – unbehelligt bewegen, auch zu Fuß. Es gibt Taschendiebe in der Windhoeker Innenstadt, aber welche Touristenmetropole bleibt von denen verschont? Weniger sicher ist es in den Wohngebieten, besonders nachts oder in den Ferien. Ärgerlicherweise ist es also genau dort am gefährlichsten, wo man sich sicher fühlt und dann, wenn man am verwundbarsten ist. Wer Schlafstörungen hat, ist also in Windhoek klar im Vorteil. Er wird nicht überrascht. Außerdem wird dein Haus beobachtet, und zwar ständig, sagen zumindest unsere Nachbarn. Die Diebe beauftragen Kundschafter und warten auf ein Zeichen, dass du verreisen willst oder das Haus aus anderem Grund unbeaufsichtigt ist. Es gibt das geflügelte Wort „Weihnachtszeit ist Shoppingzeit – für die Einbrecher." Wer sicherstellen will, dass seine Stereoanlage am Heiligen

Abend unter dem eigenen Weihnachtsbaum „Stille Nacht“ dudelt, der muss kreativ werden.

Eine Möglichkeit ist es, sein Haus gar nicht mehr allein zu lassen. Viele Namibier versuchen zur Urlaubszeit jemanden zu finden, der in der Zeit ihrer Abwesenheit bei ihnen wohnt. Zusätzlich zu den üblichen House-Sitter-Tätigkeiten wie Blumen gießen und Garten wässern kann der dann auch noch die Alarmanlagen koordinieren und dafür sorgen, dass das Haus bewohnt aussieht. Was für ein Markt für abenteuerlustige deutsche Studenten! Auf Häuser in Windhoek aufpassen, über Weihnachten, in der beliebtesten namibischen Ferienzeit. Genau dann, wenn es in Deutschland kalt und dunkel ist, locken Sonne, Wärme und oft ein Swimmingpool. Logis ist frei und ein Taschengeld kann mit Sicherheit verhandelt werden. Und danach: Ab zu den Naturschönheiten und in die menschenleeren Wüsten.

Zurück zur Kriminalität. Woher kommt sie? Haben die ehemaligen Kolonisatoren die Verhältnisse ein für alle Mal versaut? Einen Rassenkonflikt geschaffen, der sich jetzt so ausdrückt? Oder ist es vielleicht viel einfacher? Ohne Arbeit gibt's kein Geld, ohne Geld aber sehen viele nur noch den Raubzug als Ausweg.

So abgelegen und zurückgeblieben namibische Dörfer dem Touristen auch erscheinen mögen, ob sie nun im Caprivizipfel am Okavango liegen oder in den Steinwüsten des Damaralandes, fast überall ist auch dort ein Fernseher in erreichbarer Nähe, der batteriegetrieben zu bestimmten Stunden die südafrikanischen Seifenopern und Unterhaltungsshows abspielt. Man sieht strahlende, gut gekleidete Schwarze, die alles zu haben scheinen, was das Herz begehrt. Fast jeder in einem dieser Dörfer hat zudem einen Verwandten, der auf einer Lodge oder sogar in Windhoek arbeitet und dort für dörfliche Verhältnisse viel Geld verdient und nach Hause schickt. Ist es nicht verständlich, dass sich in den Köpfen der jungen Leute der Gedanke festsetzt: „Da möchte ich auch hin“?

„Auch ich kann es schaffen“, denken sie. „Dann werde ich ein großer Mann und kann meinen Vater beeindrucken, die tolle Frau erobern und auch ihre Lobola[2], ihren Brautpreis, bezahlen.“ Oder was auch immer die jungen Dörfler antreibt.

Und dann machen sie sich auf nach Windhoek, in die Hauptstadt, in das gelobte Land, wo man arbeiten und reich werden kann – so wie die im Fernsehen oder zumindest wie die aus der Provinzhauptstadt. Dort angekommen finden sie Unterschlupf bei einem entfernten Verwandten, der eine eigene Wellblechbude gemietet oder gebaut hat in einem der Hüttendörfer, die sich wie bunte Flickenteppiche in die Berge nördlich von Windhoek ausbreiten. In diesen sogenannten „Informal Settlements“, deren Einwohnerzahl gar nicht mehr zu schätzen ist, so schnell wächst sie. Beim letzten Zensus 2011 wurde gezählt, dass von den rund 320.000 Einwohnern der Hauptstadt etwa die Hälfte in den neuen Settlements nördlich und westlich von Katutura lebt. Ob die ungeordneten Wellblechsiedlungen, die nahezu täglich wie Pilze aus dem Boden schießen, überhaupt erfasst wurden, ist unsicher, ebenso die Zuzugsrate. Es gibt Schätzungen, die von einem jährlichen Zuzug von 20.000 Menschen ausgehen, andere glauben, dass die Zahl weit darüber liegt.

Wenn unser junger Dörfler, den wir der Einfachheit halber vielleicht Titus nennen, angekommen ist in Soweto,

[2] In der Kultur vieler Ethnien des südlichen Afrikas muss der Heiratswillige der Familie seiner künftigen Frau einen Brautpreis zahlen, da die Tochter mit der Heirat ihre Familie verlässt und als Arbeitskraft ausfällt. Als Lobola werden oft Rinder oder Ziegen gegeben.

Himalaya, End of the World oder in einem der anderen Settlements mit bedeutungsschwangeren Namen, dann stellt er fest, dass es in Windhoek kaum Arbeit gibt. Jedenfalls für jemanden, der nicht viel mehr gelernt hat als Ziegenhüten. Wenn er Glück hat, wird Titus vielleicht einen Job als „Security" bekommen. Angesichts der schwierigen Sicherheitslage boomt der Markt für sogenanntes Sicherheitspersonal. Jeder Parkplatz, jedes Geschäft hat mehrere Angestellte, die mit einer Warnweste mit Firmenlogo oder einer anderen rudimentären Uniform dafür sorgen sollen, dass man nicht auf den Gedanken kommt, hier Unerlaubtes zu tun.

Die Parkplatzwächter weisen dich auf freie Parkplätze hin, dirigieren beim Ein- und Ausparken und bewachen dein Auto, während du einkaufst. Kein schlechter Service. Dafür zahle ich gerne zwei Namibia-Dollar, etwa zwanzig Eurocent, und freue mich, dass ich einen der wenigen sinnvollen Jobs mitfinanzieren helfe.

Mein Lieblings-Security-Job ist der vor Windhoeks großem Sanitärfachhandel. Um den Parkplatz vor unbefugten Wildparkern zu schützen, ist die Zufahrt mit einem Tau verschlossen. An dem Tau steht Tag für Tag ein Security-Mann, späht in das sich nähernde Auto und lässt mit einem „Good Morning, Mevrouw[3]" das Tau herunter. In Deutschland hätten wir dort ein Schild mit der Aufschrift „Parken für Unbefugte verboten!", aber der Besitzer des Ladens weiß, dass dies ein Job ist, den man auch ausführen kann, wenn man nichts gelernt hat. Nur, wie viele solcher Jobs kann es geben in einer Stadt wie Windhoek? Auf keinen Fall genug, um monatlich zigtausend arbeitssuchenden Ziegenhirten und Bauernmädchen Arbeit zu geben.

---

3 Afrikaans für „Meine Dame". Höfliche Anrede, in etwa wie „Gnädige Frau".

Wenn Titus dann für Wochen keine Arbeit gefunden hat, ist sein Geld verbraucht, das er mit dem Verkauf seiner Ziege zuhause erlöst hatte. Seine Verwandten lehnen es ab, ihn weiter durchzufüttern, und das bedeutet für ihn Hunger und eventuell auch Obdachlosigkeit.

In Namibia gibt es kein soziales Netz außerhalb der Familie. Arbeitest du nicht, isst du nicht. Vermutlich hat Titus schon tage- oder wochenlang auf dem Bürgersteig vor den Baumärkten gehockt, zusammen mit zig anderen Arbeitssuchenden. Immer in der Hoffnung, dass vielleicht ein großer Bakkie vorfährt und der Fahrer sagt: „Bei mir muss der Garten gerodet werden. Springt hinten rauf." Aber wie viele Gärten müssen täglich umgestaltet werden in einer Stadt wie Windhoek, wie viele Steine geklopft, wie viel Holz gehackt? Titus kann da ewig sitzen, bis er einen Job bekommt, selbst nur für einen Tag.

Mittlerweile hat Titus gewaltigen Hunger und frustriert ist er auch. So hatte er sich das Leben in der Hauptstadt nicht vorgestellt. Auf dem Dorf weißt du immer, wo du schläfst, und wenn einer in der Familie isst, essen alle. Falls unser junger Mann zu diesem Zeitpunkt den falschen Leuten begegnet und die sagen „Komm mit. Wir besorgen uns was heute Abend. Wir gehen dahin, wo die mehr als genug haben." – dann wird er wohl mitgehen. Und wenn die Erfahrenen ihn mit der Brechstange und dem Pflasterstein vorschicken – dann wird er vermutlich mitmachen. Denn sonst warten nur noch mehr Hunger und noch mehr Hoffnungslosigkeit auf ihn. Kann man ihn nicht verstehen?

Diese Armut ist allgegenwärtig. Wenn wir die Augen aufmachen, sehen wir die Arbeitssuchenden vor dem Supermarkt sitzen und an den Straßenecken. Und trotzdem habe ich mich immer wieder gefragt: Existiert die ständige Bedrohung tatsächlich? Oder bilden die weißen

Namibier sie sich nur ein – und geben diese Paranoia an neu Hinzuziehende wie mich weiter? Immerhin gibt es doch auch in Deutschland Kriminalität. Fast überall auf der Welt werden Häuser aufgebrochen und Menschen beraubt. Neulich wurde ein Jugendlicher in der Hamburger U-Bahn erstochen – von einem, der sich schief angeschaut fühlte. Ist das Leben in Windhoek wirklich gefährlicher als in vergleichbaren deutschen Städten?

Die „Global Study on Homicide 2011" des United Nations Office on Drugs and Crime UNDOC zeichnet ein düsteres Bild: Auf 100.000 Einwohner kommen danach in Namibia 17,2 Morde – mehr als zwanzigmal so viele wie in Deutschland (0,8) und immer noch mehr als dreimal so viele wie in den USA (5,0). Nur in der New Yorker Bronx, auf dem Höhepunkt der Gewaltwelle am Ende des 20. Jahrhunderts, gab es ähnlich viele Morde pro Einwohner. Da ist es ein schwacher Trost, dass die Zahl für Südafrika noch einmal doppelt so hoch ist (33,8), und auch nicht, dass sie dort über die letzten zehn Jahre kontinuierlich sinkt. Man kann also sagen: Die Bedrohung ist nicht nur gefühlt, sie ist durchaus real.

Natürlich richtet sich die Gewalt nicht nur gegen die weiße Minderheit, auch wenn die gerne so tut, als seien sie immer die Opfer. Auch in Khomasdal, Katutura und den anderen Vorstädten Windhoeks gibt es Raubüberfälle, Morde etc. ebenso wie in den anderen Städten und Landgemeinden. Unsere Haushaltshilfe Naomi nahm ihren Monatslohn nie am Monatsende mit. Sie versteckte ihn stattdessen unter dem Wohnzimmerteppich. In der berechtigten Annahme, dass den außer ihr niemand hochnimmt und dass die „Wit Mense", die weißen Menschen, ihr das Gehalt nicht wieder abnehmen würden. Wir nahmen anfangs an, sie wolle es vor ihrem Ehemann verstecken.

Damit der es nicht vertrinken könne. Franz hatte aber selber einen ordentlichen Job als Fahrer, und so war das vermutlich nicht der Grund. Ein Zeitungsartikel klärte mich auf: An den letzten Tagen des Monats, besonders dem Zahltag am letzten Freitag im Monat, werden die Bushaltestellen von organisierten Räuberbanden geradezu abgegrast. Die hart arbeitenden Hausangestellten, die dort auf den Bus nach Katutura warten, müssen oft alles abgeben, was sie haben. Naomi trug an diesen Tagen nicht einmal Schmuck, nachdem eine Nachbarin von ihr auf dem Heimweg überfallen wurde. Ihr hatten die Kerle aus Frust über die leeren Taschen die Ohrringe aus den Ohrläppchen gerissen.

Bedrückender als die nackte Realität der Zahlen ist die Unmittelbarkeit, die Nähe der Gewalt. Ein Beispiel: Wenn der Mann an meiner Seite morgens die Allgemeine Zeitung, kurz AZ genannt, liest, dann wird sein Blick geradezu magisch angezogen von den Nachrichten über Angriffe auf Weiße. Etwa ein- bis zweimal pro Woche findet man solche Nachrichten in der AZ. Auch in einer deutschen Mittelstadt wird man mindestens ein- bis zweimal in der Woche von einem Gewaltverbrechen lesen. Doch es gibt einen Unterschied: In Namibia kennt man sich. In der Regel ist der Betroffene ein Freund oder zumindest ein Bekannter. Einmal war es der Mann, den Kurt jahrelang als Weihnachtsmann für die Familienfeier geholt hatte. Kein anonymer Unbekannter, sondern „einer von uns". Auch in Deutschland macht es mich tief betroffen, zu lesen, dass eine alte Frau zu Boden gestoßen und beraubt wurde und dass sie an den Folgen dieses Überfalls gestorben ist. Und das ist auch so, wenn ich von ihr nichts weiß, außer ihrem durch die Redaktion anonymisierten Namen. Aber es bleibt doch fern von meinem Alltag; eine distanzierte Resignation, dass wir mit Gewalt leben müssen – so wie mit der Tatsache von

Kriegen in Afghanistan, Syrien und anderen weit entfernten Schauplätzen.

In Windhoek lese ich, dass eine alte Farmersfrau auf ihrer Farm von einem ehemaligen Arbeiter angegriffen und mit dem Panga[4] getötet wurde. Dann höre ich, dass es Frau Schwerdtfeger war, bei der meine Freundin Helga oft zu Gast war. Das ist anders als in Deutschland.

Nach dieser Erfahrung habe ich eine zarte Ahnung davon, wie sich viele weiße Namibier fühlen, die jede Woche einmal ein solches Schockerlebnis haben, wenn sie die Allgemeine Zeitung, den englischsprachigen Namibian oder den Republikein, die afrikaanse Tageszeitung, aufschlagen. Die hohen Mauern ums Haus und der Revolver in der Nachtischschublade sind für mich jetzt besser zu verstehen.

[4] Gebogenes Buschmesser, Machete.

Glücklich ist ein deutscher Hund

Warum ein vierbeiniger Freund in Windhoek vieles leichter macht. Und: Übertreiben die Deutschen es wieder mal mit der Tierliebe?

Ich gehe gerne spazieren, geradezu fanatisch gerne. Ein Tag, der nicht mit einem strammen Gang an frischer Luft beginnt, hat keinen guten Anfang. Ich brauche den Sauerstoff und die Bewegung, die meinen trägen Kreislauf zuverlässiger in Schwung bringt als die zweite Tasse Kaffee.

Glücklicherweise wohnen wir in Windhoek ideal für diese Leidenschaft. Der Avisdamm, das wichtigste Naherholungsgebiet der Stadt, beginnt am Ende unserer kleinen Stichstraße. Nach wenig mehr als hundert Schritten bin ich im namibischen Busch und kann über die rote Erde durch das dürre Gras und die reiche Buschvegetation des Khomas-Hochlands spazieren. Hier beginnt eine schöne Runde um das Wasserreservoir, das in unserem Stadtteil im Zentrum aller Wege liegt. Gut eine Stunde dauert die kürzeste Strecke um den Damm. Damit entspricht sie in etwa dem Rundkurs um die Außenalster in meiner alten Heimat

Hamburg. Nur wilder ist es und einsamer. Einige wenige Passagen sind eben, meist aber zieht sich der schmale, steinige Pfad auf und ab durch die hügeligen Ufer des Reservoirs. Anfangs- und Endpunkt ist die Dammmauer des Stausees. Hier kann man tief Luft holen, den Blick nach vorne richten und losmarschieren. Hat man die kräftige Steigung auf der gegenüberliegenden Seite bewältigt, wird man mit der Aussicht über das Oval des Sees und auf die vereinzelt daliegenden Häuser von Avis belohnt.

Am Sonntag sieht es hier allerdings ganz anders aus – nichts von beschaulicher Einsamkeit. Am südlichen Ufer, dort, wo es flach ist bis zum Wasser, tummeln sich dann Großfamilien fast aller namibischen Völker zur Lieblingsbeschäftigung Braai. An einigen Stellen darf man auch angeln: Besser geht es nicht. Und so ist der Rand des Sees belagert von großen Familiengruppen mit Klappstühlen, Grillgeräten, Angelruten, Spielutensilien etc.

Am Anfang bin ich den Weg um den Avisdamm allein gegangen, meistens zumindest. Der Mann an meiner Seite behauptet, sein Beruf führe ihn ja jeden Tag in den Busch, da müsse er nicht auch noch in seiner Freizeit dort herumlaufen. Nachvollziehbar, aber ärgerlich für mich. Denn so habe ich zwar den perfekten Guide zu Namibias Naturschönheiten in meinem Leben, aber nur selten rafft er sich auf, mitzukommen und mir eine weitere seiner unterhaltsamen Naturkundestunden zu geben.

Aber ich bin schon immer gerne auch allein spazieren gegangen. Beim Gehen gelingt es, die Gedanken und Ideen, die wild im Kopf Fangen spielen, in Ruhe zu ordnen und zu entwickeln. Am liebsten sind mir die Zeiten, wenn niemand unterwegs ist, weil alle in Büros, Schulen und Werkstätten sitzen und arbeiten müssen. Jedoch liegt genau hier ein Problem: Allein spazieren gehen ist leider gefährlich. Das Risiko, dass sich in den Hügeln um den See Tsotsis verbergen, die einsamen Spaziergängern auflauern, um sie auszurauben, ist nicht von der Hand zu weisen. Es passiert nicht häufig etwas. Aber es passiert.

So kam Sanya in mein Leben: Ein Hund sollte her, der mit mir geht, wann immer ich will, und mich beschützt. Kurt wollte einen Rottweiler. Nur eine Straße weiter wohnte ein alter Herr mit dem wohl größten und gefährlichsten Rotti, den ich mir vorstellen konnte. Der hatte ihn schwer beeindruckt. So einer sollte es sein, am besten aus der gleichen, für besonders scharfe Exemplare berühmten Zucht in Südafrika. Ein Blick in die schwarzbraunen, immer blutunterlaufenen Augen des Ungetüms und ich musste schlucken. Der Argumentation war wenig entgegenzusetzen. Das Biest würde mich bestimmt beschützen. Aber wäre das nicht, als ob ich tagtäglich mit entsichertem Revolver spazieren ginge? So ein Hund war eine Waffe, kein Gefährte.

Wenig später fuhren wir zu einem Kurztrip nach Südafrika und übernachteten auf einer Gästefarm im Süden Namibias. Kaum hatte ich die Beifahrertür geöffnet, umsprang mich der süßeste Hund aller Zeiten. Zoe, so hieß sie, war ein schlaksiger, tapsiger, sandfarbener Wonneproppen von deutlich mehr als dreißig Kilogramm Gewicht und sechzig Zentimeter Rückenhöhe. Wie wir schnell herausfanden, war Zoe erst acht Monate alt – sie würde noch weiter wachsen. Zwei schwarzbraune Ohren, eine schwarze Nase, dazu zwei dunkle Augen, die mich seelenvoll schmachtend anzusehen schienen. Ich hatte meinen ersten Boerboel[1] gesehen und mich gleich verliebt.

[1] Sprich „Burbull“ (von Buren und Bulldogge). Südafrikanische Hunderasse, die zum Schutz der Farmhäuser vor Angreifern gezüchtet wurde. Der Boerboel wird aufgrund seiner Statur und seines Wesens auch als „südafrikanischer Rottweiler“ bezeichnet.

Sofort begann ich, dem Farmbesitzer seinen Hund abzuschwatzen. Erfolglos. Der Bure behauptete, sie sei der beste Hund, den er je hatte, schon jetzt als Welpe beschütze sie ihn vor jeder Gefahr unterwegs und auf dem Hof. Er könne nicht auf sie verzichten. Von Liebe war da nicht die Rede, das Tier war einfach gut in seinem Job. Der Manager des Gästebetriebs hätte sie uns gerne mitgegeben. Offenbar nutzte Zoe jede Gelegenheit, sich in die frisch geputzten Gästezimmer zu schleichen und dort ein wenig „neue Ordnung" zu schaffen. Es half nichts, der Baas[2] sagte Nein, und wir mussten ohne Zoe abfahren.

Diese Begegnung war der Durchbruch in meiner Hundefindung: Wie sich herausstellte, sind Boerboels das südafrikanische Pendant zum Rottweiler: kraftvolle und dabei schnelle Kreuzungen aus englischen Bullmastiffs und einer Reihe weiterer Schutzhunderassen. Sie werden oft in Rudeln eingesetzt, um die Tiere und vor allem die Familie des Farmers zu schützen. Das tun sie selbständig und ohne je aufzugeben. So ein Hund war eine akzeptable Wahl für den Mann an meiner Seite. Wenn es denn schon kein Rottweiler sein durfte – dann ein Boerboel.

Wie aber sollten wir nun an einen solchen kommen? Ein Freund erzählte uns, seine Eltern hätten auf der Farm immer Boerboels gehabt – aus Südafrika natürlich. Wollten wir etwa so einen kleinen Welpen mit dem Flugzeug schicken lassen? Das musste doch traumatisch sein. Trotzdem ließen wir uns die Kontaktdaten des Züchters in Pretoria geben.

Der nächste Tag war ein Freitag, Einkaufstag. Also: Auf zu Spar und erst einmal gemütlich frühstücken zur Stärkung für die Einkaufstour. Beim Kaffee studierte ich den Kleinanzeigenteil der Allgemeinen Zeitung. Es gab ver-

---

2 Afrikaans für „Chef", „Boss" bzw. „Herr".

schiedene Angebote für Labradorwelpen, weiße, schwarze und braune – keine für Boerboels. Da wurde mir von links der afrikaanse Republikein unter die Nase gehalten. Kurt blickte triumphierend. „Lies hier. Ach so, du kannst kein Afrikaans. Ich übersetz dir mal: Boerboelwelpen abzugeben. Zwei Jungs, vier Mädchen. Telefon ... Siehst du. Ich habe mir doch gedacht, wir gucken falsch. Die Deutschen, die haben Rottweiler oder Labradore", ein Grinsen konnte er sich nicht verkneifen. „Aber ein Boerboel, das ist ein Burenhund. Wir müssen die Burenzeitung lesen, wenn wir den finden wollen."

Ein Telefonanruf genügte, um festzustellen, dass die Welpen in Avis waren, in unserem Stadtteil, nur knapp fünf Autominuten entfernt. Wir taten so, als wollten wir „nur mal gucken", und tappten in die Falle aller Neuhundebesitzer. Als einer der kleinen Wonneproppen auf meinen Schoß kletterte und mich am Kinn leckte, war es um mich geschehen. Wir fuhren zum Geldautomaten, holten die verlangten 2.000 Namibia-Dollar, und eine halbe Stunde später ging es nach Hause – mit einem kleinen Boerboelwelpen.

Schnell zeigte sich, dass wir die richtige Wahl getroffen hatten. Zugegeben: Sanya konnte mich noch nicht effektiv beschützen. Zwar brachte sie mit ihren neun Wochen schon satte sieben Kilo auf die Waage, aber der vorherrschende Eindruck war der einer dickbäuchigen, tapsigen Fellwurst mit Pfoten. Sie hatte einen dunkleren Ton als Zoe, eher rotgolden, weniger sandfarben. Und nicht nur Ohren und Nase, sondern der halbe Kopf war von schwarzem Fell bedeckt, aus dem mich hellblaue Augen verschmitzt anblickten. Ein süßer Moppel. Aber vom ersten Tag an war sie auch ein wachsamer Welpe. Als wir zuhause ankamen, hatte sie bereits beschlossen, dass ich das neue Zentrum ihres Universums sei. Saß ich irgendwo, lag sie quer davor.

Der Mann an meiner Seite war begeistert, aber auch etwas irritiert. Der Hund sollte ja für mich sein, aber dass er selbst so eindeutig die zweite Geige spielen würde, das hatte er sich doch nicht vorgestellt.

Sanya beschützte mich von diesem Tag an, wo immer sie konnte. Gingen wir spazieren Richtung Avisdamm und es kam uns auf der Straße ein schwarzes Hausmädchen entgegen, dann ließ mein erst spanielgroßer Welpe ein helles, doch vernehmliches „ggrrrrrrr" ertönen. Ich war befremdet. Kein einziger weißer Passant brachte die Kleine zum Knurren, auch die beeindruckend großen Buren nicht, die am Avisdamm fischten. Aber selbst zarte schwarze Frauen, die zwei Häuser weiter arbeiteten, wurden unweigerlich mit „grrr" begrüßt.

Kurt lachte über meine Empörung. „Du wolltest spazieren gehen und dabei sicher sein. Was glaubst du, wie viele Weiße am Avisdamm aus dem Busch springen und dich überfallen? Das ist schon gut so, wie es ist. Die haben wir richtig ausgesucht." Ich sah es ein und packte die deutschen Skrupel in den Koffer, wo sie hingehörten. Sanya blieb unversöhnlich. Schwarze Menschen wurden unweigerlich beäugt und angeknurrt. Es gab aber auch Ausnahmen: Sie akzeptierte Naomi und Tobi, den Gärtner, ebenso wie den Doktor aus Simbabwe in der Tierarztpraxis. Zum Ausgleich, und wie um ihre Unvoreingenommenheit zu beweisen, verbellte sie von Zeit zu Zeit weiße Männer am Avisdamm. Nie konnte ich ihnen ansehen, was sie für Sanya verdächtig machte. Jedoch musste ich zugeben, dass man selten ahnt, wie sich der nette Herr von nebenan in seinen eigenen vier Wänden verhält. Ich beschloss, meinem Hund zu vertrauen.

Bereits mit fünf Monaten wog mein Boerboel gut zwanzig Kilo und hatte die Statur und Größe eines durchschnittlichen Labradors. Sie war zwar noch ein Welpe, aber bereits jetzt ein vollwertiger Schutzhund für mich. Außerdem signalisierte ihre tiefschwarze Maske in der Vorstellung vieler einheimischer Völker Namibias offenbar die Anwesenheit des Teufels oder einer gefährlichen Energie. Immer wieder begegneten wir Schwarzen, die Zeichen gegen den bösen Blick machten, wenn sie uns sahen und die Straßenseite wechselten, um uns auszuweichen. So war es mir am liebsten. Abschreckung war die beste Methode, deutlich besser als herauszufinden, ob mein leidenschaftlicher Schutzhund im Ernstfall einer Angreiferbande gewachsen wäre.

Sanya und ich gehen jeden Tag zweimal raus. Einmal morgens. Dann machen wir unseren großen, einsamen Spaziergang. Ich ordne meine Gedanken und begrüße den Tag. Sanya läuft ihr Revier ab und markiert überall, dass sie da war. Natürlich ist der gesamte Avisdamm ihr Territorium. Abends, wenn es kühler geworden ist und bevor die Dunkelheit kommt, nehmen wir das Auto und fahren an die andere Seite des Damms. Dorthin, wo das Michaelisrivier[3] zum See führt und eine weite sandig-sumpfige Ebene geschaffen hat. Hier treffen sich abends die Hunde und ihre Herrchen bzw. Frauchen. Zwischen sechs und sieben Uhr toben die Hunde durch das Wasser und über die Wiesen und powern sich so richtig aus. Das geht ohne große Zänkereien. Unsere Hunde sind aufs Spielen eingestellt, nicht auf Krawall.

Bei einem Abendessen im Freundeskreis fragte mich mein Bekannter Rudi, wie es denn mit dem neuen Hund so

[3] Ein Rivier ist ein Trockenfluss oder Trockenflussbett. Namibische Flüsse sind mit Ausnahme des Kunene, Kavango und Sambesi im Norden und des Oranje im Süden während des ganzen Jahres trocken. Nur während der Regenzeit füllen sich die Riviere innerhalb kürzester Zeit mit Wasser und können zu reißenden Flüssen werden.

liefe. Ob er brav sei. Nicht zu bissig und ungehorsam? Von beidem konnte ich nun gar nichts berichten, nur das Bewachungs-Knurren auf unseren Spaziergängen, das natürlich lautstark gelobt wurde. Wir hätten da wirklich einen guten Hund. Seine Nachbarn, ein Burenpaar, kürzlich aus Pretoria zugezogen, die hätten nämlich zwei Boerboels im Hof und das sei kaum auszuhalten. „Ich kenne die gar nicht", warf ich ein. „Ich hab gerade überlegt, aber ich glaube, ich habe die am Avisdamm noch nicht gesehen." „Wirst du auch nicht", entgegnete er. „Die gehen nie raus mit den Hunden. Die Tölen sind immer nur im Hof."

Rudis Haus liegt in Kleine Kuppe, einem der neueren Stadtviertel im Süden Windhoeks, in dem sich Reihenhaussiedlungen dicht an dicht die Hügel hinaufziehen. Die Gärten sind winzig, zum großen Teil gepflastert und natürlich von einer Mauer umgeben. Und darin sind dann zwei große Hunde den ganzen Tag eingesperrt. Die müssen ja vollkommen frustriert sein. Kein Wunder, dass sie bellen. Wer denen begegnet, ob schwarz oder weiß, muss sicher auf einiges gefasst sein.

Auf dem Spaziergang am nächsten Morgen ging mir unser Gespräch noch einmal durch den Kopf. Abends auf den Dammwiesen sehe ich jeden Tag dieselben zehn bis fünfzehn Windhoeker mit ihren Tieren. Wenn ich spazieren gehe, begegne ich noch mal fünf weiteren pro Gang, auch das sind alles bekannte Gesichter. Wenn ständig fünf Hundehalter um den See gehen – und das ist unwahrscheinlich, denn nur in den kühlen Vor- und Nachmittagsstunden geht man hier – dann sind vielleicht vierzig bis fünfzig Leute mit ihren Hunden am Avisdamm unterwegs. Verdoppeln wir die Zahl, zur Sicherheit, dann sind es hundert Hundebesitzer oder möglicherweise sogar zweihundert. Und wo sind die anderen? Es gibt in dieser Stadt sonst keinen Ort, wo man mit dem Hund spazieren gehen und ihn laufen und toben lassen kann. Wo also sind die Hunde?

Über wie viele sprechen wir hier? Es scheint, als ob die weißen Bürger Namibias mehr dazu neigen, Haustiere zu halten als ihre Mitbürger aus den einheimischen Völkern. Der Einfachheit halber beschränke ich mich also auf sie. Windhoek hat vielleicht 40.000 hellhäutige Einwohner. Wenn der Durchschnittshaushalt aus vier Personen besteht, macht das 10.000 Haushalte. Natürlich hat nicht jeder einen Hund – obwohl es mir so vorkommt, wenn ich die Straßen entlanggehe und mir aus den Gärten wütendes Gebelle oder Gekläffe entgegenschlägt. Nehmen wir also der Einfachheit halber an, nur jede dritte oder vierte Familie habe einen solchen Vierbeiner. Dann kämen wir immer auf rund 2.500 Hundebesitzer. Die meisten haben sogar mehrere Hunde. Ich komme also mit meiner kleinen, informellen Hochrechnung auf mindestens 2.500 Hunde, die in Windhoek leben – und von denen höchstens zehn Prozent am Avisdamm spazieren gehen. Wo sind die anderen?

Die anderen sind im Hof. Besonders die Namibier mit Wurzeln in Südafrika haben da ganz klare Vorstellungen: Der Hund gehört zum Haus, denn das muss er schützen. Da lebt er, da frisst er, da macht er sein Geschäft. Wenn der Hund Glück hat, lebt er auf einer Farm und hat ein großes Gelände, das er bewacht und auf dem er sich austoben kann. Wenn er Pech hat, wohnt die Familie in der Stadt und hat ein Reihenhaus in Kleine Kuppe. Dann ist der Bewegungsraum auf hundert bis zweihundert Quadratmeter reduziert. Das bedeutet keinesfalls, dass diese Menschen ihre Tiere nicht lieben. Da wird gefüttert, geschmust und im Hof gespielt. Aber Spazierengehen, das ist eine deutsche Sitte. Wir gehen Gassi. Auch in Namibia. Glücklich ist der deutsche Hund.

Lust auf Rugby?

Wie ein harter Männersport die Kultur des Landes spiegelt. Und: Kann Sport zur Integration beitragen?

Früher habe ich Fußball geliebt. Schon als Kind saß ich mit meinem Vater vor dem Fernseher und verfolgte die Weltmeisterschaften. Ich kannte die Namen aller Nationalspieler und als einziges Mädchen meiner Klasse die Abseitsregel. Heute langweile ich mich oft, besonders wenn der Ball zwanzigmal hin und her gegeben wird, über Minuten wenig passiert und die Bewegung statt aufs Tor in die entgegengesetzte Richtung geht. Heute bin ich bekennender Rugbyfan – zum großen Befremden vieler Freunde und Bekannter in Deutschland.

„Rugby?", fragen die. „Ist das denn nicht so furchtbar brutal?" Ach was. Brutalität hat für mich etwas mit sinnloser Aggression zu tun. Beim Rugby habe ich dagegen immer das Gefühl, hier dürfen Männer einfach das tun, was richtige Männer gerne tun: Hin- und herrennen mit den Kumpels, zusammen, ohne Pause und scheinbar ohne nachzudenken. Sie können sich mit voller Wucht auf einen anderen stürzen, flankiert von den „Freunden" bzw. Teamkameraden und dabei ordentlich zur Sache gehen. Welche Frau kann sich schon dem Anblick entziehen, wenn fünfzehn muskelbepackte Kerle voranstürmen, den Gegner tackeln – zu Boden werfen – ihn hochheben und insgesamt strahlen, wie bei der besten Rauferei des Jahres.

Ich möchte nicht unten sein, wenn sechs Männer, die zwischen 90 und 120 Kilo wiegen, auf mir liegen. Begraben von einer knappen Tonne Lebendgewicht – so muss sich einer fühlen, auf dem ein Elefant sitzt. Aber beim Rugby passiert das im Zehn-Minuten-Rhythmus – und niemand beschwert sich. Im Gegenteil: Sie scheinen es zu genießen. Es tut bestimmt auch weh, wenn dabei einer auf deinem Fuß steht – oder auf dem Ohr oder auf deinem Kopf liegt. Aber ich habe nie beobachtet, dass sie jammern, die Jungs – oder besser: die Männer. Wenn es blutet, wischen sie sich das kurz ab. Sie verziehen nicht mal das Gesicht. Dann wird weitergelaufen – und getackelt und aus vollem Lauf gefallen und an allen erreichbaren Körperteilen gezogen. Dabei auf Hände und Gesichter zu treten im Eifer des Gefechts – das gehört einfach zum Spiel.

Seitdem verdrehe ich die Augen, wenn Fußballer sich mit schmerzverzerrter Miene fallen lassen, nachdem ein Gegenspieler ihnen ein Bein gestellt hat oder ihnen – Gott behüte – auf den Spann getreten ist. Weicheier alle, wie sie da sind. Und die Tatsache, dass sie oft nur schauspielern, um einen Vorteil, einen Strafstoß oder Ähnliches zu erhalten, wirft in meinen Augen ein bezeichnendes Licht auf den Fußballsport. Beim Rugby habe ich noch nicht erlebt, dass irgendeine Spieleraktion zum Einlenken des Schiedsrichters führt. Mein Eindruck ist: Hier muss erst einer bewusstlos liegen bleiben, damit der Unparteiische dies zum Anlass nimmt, den Schuldigen für zehn Minuten Strafzeit auf die

Bank zu schicken. Es ist eben ein Sport für richtige Männer. Aber es geht dabei nicht nur ums Hauen und Stechen. Ganz und gar nicht. Rugby fordert von den Kerlen, dass sie ihre ganze Aggressivität und Kampfesfreude rauslassen, aber es erlegt ihnen dazu ein paar höchst anspruchsvolle Regeln auf. Sie verlangen, dass der Mann tut, was ihm scheinbar im Blut liegt – mit Freuden nach vorne rennen, auf den „Feind" zu. Gleichzeitig muss er Dinge tun, die ihm zutiefst gegen den Strich gehen.

Ist das unverständlich? Ein Beispiel: Die Mannschaft läuft auf die gegnerische Torlinie zu, wirft sich den Ball zu – dort wollen sie hin. Aber: Sie dürfen den Ball immer nur NACH HINTEN werfen, nicht etwa in Laufrichtung. Das bedeutet, alle müssen in jeder Sekunde wissen, wo sich die Mitspieler befinden, die HINTER ihnen kommen. Dadurch entsteht eine seltsam anmutende Gegenbewegung: Die Beine tragen den Spieler nach vorne – aber der Oberkörper dreht sich zum Wurf nach hinten. Wenn er dabei vom Gegner erwischt wird – sagen wir, es gelingt einem Verteidiger, ihn bei den Knöcheln zu packen und von den Füßen zu ziehen – dann knallt er mit voller Wucht auf den Boden. Den Rugbyball immer noch in einer Hand kann er sich kaum abstützen. Jetzt kommt einer meiner Lieblingsmomente: Während sich Teamkameraden und Gegner über ihm türmen, gibt es doch nur einen Impuls unter den tausend Kilo Lebendgewicht – er will den Ball unter sich sichern, nicht wahr? Aber gerade das wäre falsch. Er muss den Ball wegstrecken von sich, nach hinten, in Richtung seiner Teamkameraden, die er nicht sehen kann, von denen er einfach glauben muss, dass sie da sind. Wenn das nicht allen Instinkten widerspricht. Aber diese Urinstinkte muss er überwinden, sonst ist das „Not releasing the ball" – und eine Strafe ist fällig.

Wenn die Sanktion ein „Penalty Kick", ein Strafschuss, ist, dann wird es spannend. Denn der Rugbyball ist nicht rund, sondern ein schweres ledernes Ei. Es muss unglaublich schwierig sein, das in eine berechenbare Flugbahn zu schießen. Auch das Werfen ist eine Kunst. Selbst den Großen der Branche rutscht der schlingernde „Ball" oft durch die Hände. Fällt er nach vorne, ist das ein „Knock on" und es gibt „Scrum" für die andere Mannschaft.

Ach ja, der Scrum. Ich glaube, er ist die bekannteste Rugbysituation: Acht Verteidiger auf jeder Seite, die starken Jungs des Teams, stehen in drei Reihen voreinander. Hüben und drüben je 900 bis 1.000 Kilogramm geballte Kraft, an den Schultern ineinander verschränkt, die Knie gebeugt. Und dann wird auf Kommando geschoben und geschoben und geschoben. Und wehe du musst dich abstützen – auch das gibt eine Penalty.

Ganz sicher ist dies eins der Rugbybilder, die ich nie vergessen werde: Wie der Hooker[1] der Sharks, Bismark duPlessis, den rechten Arm um seinen Bruder Jannie legt und den linken um den massiven schwarzen Simbabwer Tendai Mtawarira, genannt „das Beast", und sie zusammen in die Verteidigungsstellung gehen. Südafrikanische Buren, die Arm in Arm und in engstem Körperkontakt mit einem Schwarzen spielen – auch zwanzig Jahre nach dem Ende der Apartheid ist das noch immer ein ungewöhnliches Bild. Und vielleicht ist es auch nur in der geschützten Welt des Sports möglich.

Beim Scrum verschränken der Hooker und die beiden Seitenspieler, Props genannt, die Oberarme. Jedes Mal,

1 Position beim Rugby. Der Hooker (Deutsch „Hakler") versucht beim Scrum den eingeworfenen Ball mit den Beinen für seine Mannschaft zu „hakeln".

wenn ich Bismark, Jannie und das Biest dabei beobachtete, habe ich gedacht: „Wie soll dieser Sport je in Deutschland Fuß fassen?" Ich glaube, solche Muskeln bekommt nur jemand, der von frühester Kindheit Schafe auf den Bakkie des Vaters wirft. Ich könnte schwören, dass die duPlessis-Brüder so aufgewachsen sind. Das ist bestimmt auch der Grund, warum Rugby am häufigsten in Australien, Neuseeland und Südafrika verbreitet ist. Allesamt Schafzuchtnationen.

Könnte so ein Sport in Deutschland ankommen? Hier im Land der Dichter und Denker und der Fußballspieler, die sich mit schmerzverzerrtem Gesicht auf dem Rasen krümmen? Wo sind die Schafbauern, deren Söhne schon früh die Muskeln entwickeln können, damit sie später beim Rugby ordentliche Defense spielen?

Überraschenderweise scheint Rugby trotz fehlender Schafindustrie und Vorherrschaft von König Fußball langsam in Deutschland anzukommen. Als ich mit Thomas, aufstrebendes namibisches Rugbytalent und Mitglied der U19-Nationalmannschaft, das entscheidende WM-Qualifikationsspiel der deutschen Auswahl gegen Polen verfolgte, waren wir überrascht: Nicht nur, dass an einem stürmischen Samstagnachmittag im November mehr als 2.300 Zuschauer den Weg ins Rugbystadion in Berlin-Hohenschönhausen gefunden hatten. Nein, auch darüber, wie professionell die alle nur nebenberuflich spielenden deutschen Rugbyspieler auftraten. Auch Deutschland konnte fünfzehn gut gebaute junge Männer vorweisen, die ein schnelles, schönes, kraftvolles Spiel boten und die favorisierten Polen mit 43 zu 13 Punkten vom Platz fegten. Offenbar war es Kobus Potgieter, dem südafrikanischen Trainer der Mannschaft, gelungen, innerhalb von sechs Jahren ein funktionierendes Trainingskonzept in Deutschland zu etablieren. Eines, das ohne Schafewerfen auskommt – oder das diesem sogar überlegen ist. Thomas schaut ab jetzt mit einem neuen Blick auf uns. Mein Heimatland ist auf seiner Weltkarte aufgetaucht – als Rugbynation.

Im Namibia von heute ist Rugby einer der großen Integrationsfaktoren. Vorbei sind die Zeiten, in denen die schwarzen Kinder nur Fußball spielten und die weißen nur Rugby. Bei den nationalen Highschool-Meisterschaften treffen sich die Schulteams aus den Oberen Mittelschulen des Landes in allen Altersklassen, um gegeneinander zu scrummen[2], zu werfen, zu schkoppen[3] und hoffentlich zu drücken, d. h. den Ball hinter die Torlinie zu bringen. Für mich ist es jedes Mal ein Highlight meines Namibiajahres, wenn ich im August die warmen Schuhe und die Daunenweste einpacke, die Sitzkissen und die Kamera, um zwei Tage auf der Haupttribüne des Hage-Geingob-Stadions in Windhoek zuzusehen, wie die nächste Generation von Rugbyspielern auftritt. Das Turnier fängt an mit den jüngsten, die oft nur zwölf oder dreizehn Jahre alt sind, und endet mit den Wettkämpfen der U19 – große Kerle, die sich in meinen Augen in nichts von denen unterscheiden, die ich abends im Sportfernsehen in der Rugbyübertragung aus Südafrika sehe.

In den Schulteams spiegelt sich die Gesellschaft des Landes: Da gibt es die Schulen aus den Vierteln der Coloureds und der Schwarzen, in deren Mannschaft keine Weißen spielen. Kurz darauf schickt eine Burenschule aus Stampriedt ein Team auf den Platz, in dem jeder einzelne Spieler vor dem Match Sonnencreme auflegen musste. Aber es kommen auch die Oberen Mittelschulen aus

---

2 „drängeln". Die Bewegung im „Scrum", auf Deutsch „Gedränge".

3 „schießen".

Windhoek, dem Schmelztiegel dieses Landes, und hier laufen gemischte Mannschaften auf: Große, kräftig gebaute weiße und schwarze Jungs besetzen die defensiven Positionen und das Mittelfeld und schicken mit gezielten Würfen ihre grazileren, langbeinigeren Teamkollegen mit brauner Haut nach vorne. Währenddessen sorgen sie von hinten dafür, dass denen möglichst keiner folgt. Hier tut jeder, was er kann, man spielt in einem Team zusammen – und hinterher liegt man sich in den Armen, oder alle lassen beim gemeinsamen Abschlussgespräch die Köpfe hängen. Jedes Mal denke ich, dass Hoffnung dafür besteht, dass sich die verschiedenen Nationen Namibias arrangieren. Wenn man ihnen nur ein verbindendes Ziel gibt, auf das sie zurennen können, und ein Regelwerk für alle. Und genug Zeit, sodass die jungen, unbelasteten Generationen zum Zug kommen.

Die Chinesen sind da

Warum Chinesen und Namibier gemeinsame Interessen haben. Und: Was sucht China in Namibia?

Zum meiner großen Freude hat Windhoek ein Chinarestaurant, genauer gesagt sogar zwei. Das eine, der Jadegarten, liegt in der Nähe unserer Wohnung an der Sam Nujoma Avenue und das Essen ist tatsächlich ganz passabel. Besonders die scharf gewürzten Auberginen, Yuxiang Qiezi, könnten gar nicht besser sein. Meine Hoffnung, die Speisenauswahl mit der Bedienung auf Chinesisch diskutieren zu können und so weitere Köstlichkeiten zu entdecken, die vielleicht nicht auf der Karte stehen, erfüllte sich allerdings nicht: Nur der Chef und die Chefin an der Kasse stammen aus dem Reich der Mitte – und offenbar auch der Koch. Die Kellner dagegen sind allesamt Ovambo. Das könnte möglicherweise daran liegen, dass die meisten Chinesen keine Sprachtalente sind, dass sie oft schlechtes Englisch und vermutlich gar kein Afrikaans sprechen. Aber – jedes Mal wenn ich im Jadegarten essen gehe – sehe ich nur Chinesen hier sitzen. Allein, in großen, gemütlichen

Gruppen oder mit schwarzen oder weißen Gästen, die ganz offensichtlich Partner aus Politik oder Business sind. Da wären doch chinesische Kellner praktisch. Bei denen könnten sie nach Herzenslust das chinesische Bestellritual abhalten.

Kennen Sie das Bestellritual? Es geht folgendermaßen: Der Kellner bringt die Karte, dann nimmt der Gast die Karte. Er öffnet sie und schließt sie wieder, ohne überhaupt darin gelesen zu haben, und fragt dann den Kellner „Was habt ihr denn so zu essen?“ Daraufhin zählt der die Gerichte auf der Karte mündlich auf. Der Gast fragt daraufhin nach etwas, das nicht dabei war – etwas findet er immer. Egal, wie umfangreich das Speisenangebot auch ist. Etwa „Habt ihr etwas mit diesem stinkenden Tofu aus Shanghai? Den esse ich besonders gern.“ Der Kellner verneint, stinkenden Tofu aus Shanghai haben sie nicht. Er bietet aber im Gegenzug eine Reihe von Speisen an, von denen er glaubt, dass sie entweder dem stinkenden Tofu ähnlich sind, oder die seiner Meinung nach einem Gast schmecken könnten, der gerne so etwas isst. Natürlich wehrt der ab – so einfach lässt er sich nicht fangen – und fragt nach einer anderen Spezialität, die es nicht gibt. Das Ganze geht ein paarmal hin und her – wie oft hängt von der gefühlten Wichtigkeit des Gastes ab, aber auch von der Geschicklichkeit des Kellners. Endlich einigt man sich fröhlich auf eine Reihe von Gerichten, die das Restaurant bietet und die dem Gast munden. Alle sind zufrieden. Das Essen kann beginnen. Einfach von der Karte bestellen – das tun nur Langnasen, die keine Ahnung haben.

Man kann sich leicht vorstellen, dass dieses komplizierte Ritual, das einem gut einstudierten Tanz ähnelt, von einem namibischen Kellner auf keinen Fall bewältigt werden kann. Auch wenn er sich noch so viel Mühe gibt. Wieso gibt es also keine chinesischen Bedienungen? Gibt es einfach nicht genug Chinesen in Windhoek bzw. in Namibia?

Doch halt. Inoffizielle Schätzungen gehen von einer chinesischen Population in Namibia zwischen 40.000 und 100.000 Personen aus. Die Unsicherheit über die exakte Zahl scheint daran zu liegen, dass das normalerweise strenge namibische Visa- und Aufenthaltsrecht für Chinesen gelockert zu sein scheint oder, dass es von der chinesischen Botschaft kreativer gehandhabt wird. Wären tatsächlich 100.000 Chinesen im Land, stellten sie die siebtgrößte Volksgruppe. Es gäbe dann mehr Chinesen in Namibia als Rehoboter Baster (2 Prozent), San bzw. Buschleute (3 Prozent) oder Caprivianer (4 Prozent).[1] Damit lebten in Namibia fast so viele Chinesen wie Weiße (6 Prozent oder rund 120.000) und es gäbe fünfmal so viel Chinesen wie Deutschstämmige. Wurden die alten Kolonialherren durch neue verdrängt?

Der China-Shop gehört mittlerweile zum Straßenbild fast jeder namibischen Stadt – auch der kleineren. Als zuverlässige Quelle für billige Produkte wird er geschätzt. Wo sonst bekommt man eine Reisetasche für fünfzig Namibia-Dollar, umgerechnet etwa fünf Euro, oder Wachstuch für umgerechnet einen Euro pro Meter, Plastikschüsseln für Centbeträge und die unentbehrlichen Plastikstühle? Afrika ist ein Hauptabnehmer für Billigwaren aus Fernost geworden, seit europäische und amerikanische Verbraucher stärker auf Qualitätsprodukte setzen. In Namibia hat die Einfuhr billiger chinesischer Artikel zwar keine heimische Industrie verdrängt, aber der China-Shop ist besonders in den kleineren Städten und den ländlichen Gebieten zu

[1] Quelle: Republik Namibia, Daten und Fakten, Stand März 2011, Konrad Adenauer Stiftung.

einer bedrohlichen Konkurrenz für den lokalen Einzelhändler geworden.

Eine einheimische „Industrie" wird allerdings auch in Namibia bedroht: Immer häufiger habe ich in den letzten Jahren an den Verkaufsständen für Kunstgewerbe, für Schnitzereien, Flechtwaren etc. Artikel gesehen, die in Uniformität und Machart verdächtig nach chinesischer Massenproduktion aussahen. Die importierten Billigschnitzereien findet man nicht nur in Windhoeks Innenstadt, sondern auch in Cultural Villages und an den Zufahrten vor den Nationalparks.

Im Straßenbild sieht man die Chinesen selten. Vermutlich arbeiten sie einfach den ganzen Tag, so wie es ja das Klischee vom streb- und arbeitsamen Asiaten sagt. Am Wochenende ist das allerdings anders: Da treffen sich große Gruppen von Chinesen am Avisdamm, dem Naherholungsgebiet im Osten der Stadt, zum Angeln. Der Stausee hat eine lange, ausgewiesene Anglerzone. Hier sieht man an Wochenenden und Feiertagen große Gruppen der einheimischen Bevölkerung, die mit Kind und Kegel lachen, trinken und braaien, während Papa und Sohnemann angeln. Vater und Sohn betreiben allerdings normalerweise „Catch and Release": Man fängt den Fisch, macht ein Foto, brüstet sich vor der eigenen Familie und lässt den Fisch wieder schwimmen. Es sind fast ausnahmslos Karpfen, der Avisdamm ist schlammig. Wer will das essen?

Solche Skrupel haben die Chinesen nicht. Karpfen, „Liyü", ist eine Delikatesse, und der lebt schließlich immer im Schlamm. Deshalb hat die chinesische Kochkunst Wege entwickelt, mit dem Beigeschmack fertigzuwerden bzw. ihn durch ausgeklügelte Würzkonzepte zu verbrämen.

Viele chinesische Angler trauen daher kaum ihren Augen, wenn die „Langnasen" einen schönen, fetten

Karpfen nach dem anderen wieder ins Wasser werfen. Regelmäßig kommen sie und fragen, ob sie die Fische nicht bekommen könnten, wo man sie doch offenbar nicht selber brauche. Das Prinzip von Catch & Release verstehen sie nicht, auch wenn ihnen schon mal ein Angler versucht zu erklären, dass auf diese Weise die Fischpopulation geschont wird für weitere Freizeitangler. Denn der Avisdamm ist klein und kein unerschöpfliches Fischreservoir.

Nein, das verstehen sic nicht. Die Bedeutung des nachhaltigen Wirtschaftens hat sich noch nicht bei allen Chinesen herumgesprochen. Verständlich, schlitterte man doch im Reich der Mitte lange von Hungersnot zu Hungersnot. Da lernt man zu nehmen, was man kriegen kann, schnell und entschlossen. Doch auch in China tut sich mittlerweile etwas in den Köpfen. Umwelt- und Ressourcenschonung sind neue, wichtige Themen, die in einigen Industriezweigen an Bedeutung gewinnen. Unsere Chinesen am Avisdamm und anderorts in Namibia scheinen mir allerdings weit entfernt von diesen neumodischen Ideen. Wie ja überhaupt fast nie die Kolonialisatoren die Vorreiter der Entwicklung sind. Sie tragen ja das Alte, auf das man stolz ist, ins Ausland zu den „ignoranten Barbaren". Und so angeln die Chinesesn fleißig und schleppen am Abend Eimer und Wannen voller wimmelnder Fische nach Hause.

Die einheimischen Namibier betrachten das Ganze mit Argwohn und Groll. Nicht mehr lange, so vermuten sie, und die „Schlitzaugen" werden den ganzen Damm leergefischt haben. Und dann? „Und eine Angelerlaubnis für fünfzig Dollar hat von denen doch bestimmt auch keiner gekauft", brummt Kurt.

Nahezu leergefischt haben chinesische Trawler auch die Fischgründe vor Namibias Küsten. Der kalte Benguela Strom hatte Namibia immer reichlich Fisch beschert.

Deswegen ist Angeln hier Volkssport. In den Ferienmonaten um Weihnachten, aber auch bis in den April hinein, stehen die Männer an den langen einsamen Stränden und werfen die Angel aus. Heute haben sie allerdings selten etwas anderes als einen kleinen Catfisch oder einen Sandhai am Haken. Und oft müssen sie die Küsten rauf und runterfahren auf der Suche nach einer Stelle, an der noch was beißt. Früher war das anders. Davon zeugen die Fotos in den Angelclubs und Restaurants von Walvisbay bis Henties Bay. Früher konnte man hier Galjoen angeln und Kabeljau, Steenbras und Snoek[2]. Südafrikanische Familien und Angelclubs fuhren 2.500 Kilometer, um hier mal wieder richtig „Lekker Fisch zu fangen". Einen kleinen Kühlwagen hatten sie als Anhänger gleich dabei, um ihren Fang während der langen Fahrt nach Hause frisch halten zu können.

Noch immer kommen Südafrikaner und versuchen ihr Glück, aber es werden weniger. Sie fahren Jahr für Jahr 2.500 Kilometer, um mitten in der Wüste, in einer abgelegenen Siedlung wie Henties Bay, nichts anderes zu tun, als zu angeln und abends den Fang ordentlich zu begießen. Und wenn die Fische nicht beißen? Dann können sie in Südafrika bleiben. Da beißen sie zwar auch nicht, aber es ist nicht so eine weite Fahrt.

Für Ortschaften wie Henties Bay ist diese Entwicklung eine Katastrophe. Sie haben keine andere Attraktion als den Strand. Wenn die Angler ausbleiben, stehen die Quartiere leer und damit liegt ein Hauptwirtschaftsfaktor des Ortes brach. Gisela Kramer, die mit über sechzig Jahren einzige weiße Bürgermeisterin einer namibischen Gemeinde

---

2 Sprich „Snuuk". Bezeichnung für die „Hechtmakrele". Beliebter Speisefisch, der nur in den Meeren der Südhalbkugel vorkommt.

wurde, sucht entschlossen nach Entwicklungsmöglichkeiten für Henties Bay. Keine leichte Aufgabe für eine abgelegene Siedlung in der Wüste, die auf den ersten Blick aussieht wie eine Mondstation.

Wie es kommt, dass die Chinesen die Fischgründe leerfischen? Mit einer großen Flotte rostiger Trawler, die vom Hafen Walvisbay aus operiert, befischen sie die Tiefsee vor Namibia intensiv – und ohne Rücksicht auf Nachhaltigkeit. Die Rechte dafür haben sie ganz legal vom namibischen Staat, vom Ministerium für Landwirtschaft und Fischfang, erhalten. China gehört zu den wenigen Staaten, die die SWAPO, die South West African Peoples Organisation, in ihrem Befreiungskampf finanziell unterstützt hat. Diese Dollar waren gut investiertes Risikokapital für den chinesischen Staat, denn im Gegenzug bekamen sie Fischfangrechte, Abbaugenehmigungen für Uran sowie eine bevorzugte Behandlung im Straßen- und Anlagenbau. Immer wieder werden chinesische Firmen bei der Auftragsvergabe für Großprojekte ausgewählt. Möglicherweise aufgrund der niedrigen Preise, die sie bieten, wahrscheinlich aber auch aufgrund von Vereinbarungen, über die die Öffentlichkeit nur spekulieren kann. Eines der auffälligsten Beispiele dafür ist der Neubau des Regierungssitzes, des State House im Stadtteil Auasblick, der jedem Windhoek Touristen gezeigt wird. Der monumentale weiße Kubus wird von einem Gitterzaun umschlossen, dessen einzelne Segmente von großen goldenen Blumen geschmückt werden. Der Betrachter fühlt sich unwillkürlich an die ornamentalen Schnitzereien in Chinarestaurants erinnert. Nur Wenige erraten, was dieses Ornament darstellt. Es sollen Welwitschias sein, die Nationalblume Namibias, die eigentlich keine Blume ist, sondern ein urzeitlicher Baum, dessen zerfurchte und zerrissene Blätter auf dem Wüstensand liegen. Der chinesische Schöpfer der State-House-Weltwitschien hatte sicher nie eine gesehen.

Namibia ist kein Reiseland für Chinesen, zumindest noch nicht. Man darf sich fragen, ob hier einmal Verhältnisse wie in der kenianischen Massai Mara herrschen werden, wo Busladungen von chinesischen Touristen versuchen, mit Handys und Mini-Videokameras die berühmte Flussquerung der Gnus aufzunehmen. Das allerdings ist ein weltbekanntes Spektakel, aufregend, mit viel „Action" und Blut, wenn die Tiere von Krokodilen zerrissen werden. Namibias Attraktionen sind dagegen beschaulich, man könnte auch sagen langweilig. Nur wenige Chinesen begeistern sich für leere Wüsten und spannende Felsformationen. Und die Tierbeobachtung im Etoshapark ist zwar lohnend, aber kein Massenspektakel. Eher ein geduldiges Abwarten. So fahren bisher nur gelegentlich Busse mit Chinesen durchs Land, oft für die gechartert, die hier leben oder arbeiten.

Ich habe mich gefragt, ob die in Namibia lebenden Chinesen wohl gerne hier sind. Es gibt hier einige attraktive Seiten: Die Wohnverhältnisse sind gut. Für einen vergleichsweise moderaten Preis kann man schöne Häuser kaufen. Es gibt mehr Platz als in China und viel frisches Essen, insbesondere ein hervorragendes Fleischangebot. Auf der anderen Seite fehlt alles andere, was das Leben für viele Chinesen lebenswert macht: Spezialitätenrestaurants, in denen man sich regelmäßig mit Freunden trifft, Karaokebars, eine Einkaufsstraße mit Luxusmarken und die Sicherheit, die eine geschlossene Community, eine Chinatown, bietet. Ein solches Chinesenviertel ist nun in den letzten Jahren neu errichtet worden. Im noblen Windhoeker Stadtteil Ludwigsdorf umschließt – angrenzend an die chinesische Botschaft – eine hohe Mauer mehrere Blocks. Die Besitzer der benachbarten Grundstücke sind hin- und hergerissen. Zum einen ist es alles andere als schön, in einer Luxuslage plötzlich auf eine lange, graue Mauer zu schauen. Auf der anderen Seite gehen die Grundstückspreise in die Höhe, denn die Nachfrage von Chinesen, die gerne in die Nähe dieser Enklave ziehen möchten, ist groß.

Man kann in Namibia gut verdienen als Chinese, das ist offensichtlich. Sei es als Angestellter einer der großen Baufirmen, sei es im Uran- oder Fischgeschäft. Zusammen mit den oben geschilderten Annehmlichkeiten lässt dies vermutlich auch die aus chinesischer Sicht größte Hürde zusammenschmelzen: Wer in Afrika lebt, hat mit Schwarzen zu tun. Das ist unvermeidlich. Und umso schwerwiegender, als die Akzeptanz fremder Völker kein Merkmal der chinesischen Kultur ist. Seit Tausenden von Jahren blickt man auf alle herab, die nicht Han-Chinesen sind, nennt sie Barbaren oder Schlimmeres. Und die Afrikaner stehen am unteren Ende der Hackordnung. Als ich 1984 das erste Mal in China lebte, war ich voller Bewunderung für die schwarzafrikanischen Studenten dort, die mit Stipendien der chinesischen Entwicklungshilfe nach China geholt wurden. Sie entschieden sich für das Studium in einem Land, dessen Sprache sie nicht sprachen und dessen Schrift sie nicht lesen konnten. Und sie lebten für sechs Jahre mit einem Volk, das Schwarze für minderwertig hält.

Schon der große chinesische Reformer Kang Youwei hatte 1902 in seinem „Buch von der großen Gemeinschaft" (Da Tong Shu) die Unterschiede zwischen den Rassen als eines der größten Probleme für das friedliche Zusammenleben in einer idealen Gesellschaft benannt. Sein Vorschlag war, die Rassen durch Ortswechsel aneinander anzugleichen. Erstens durch Migration: Weiße sollten unter Afrikas

Sonne generationenlang bräunen, Schwarze in nördlichen Gefilden nach und nach ausbleichen. Seine zweite Methode war die Vermischung der Rassen durch Eheschließung. Allerdings wand er ein: „Die schwarze Bevölkerung stellt demgegenüber ein schwer zu lösendes Problem dar, da sie im Vergleich zu hellhäutigen Menschen körperlich und geistig benachteiligt erscheint.“[3] Und: „Allein schon vom Äußeren her kann man Argwohn und Furcht vor manchen Schwarzen empfinden; der Anblick der unbeweglichen Gesichter, der animalischen Körperformen und dunklen Glieder ruft bei vielen eine Abneigung hervor.“[4] Dabei steht die Überlegenheit der weißen und gelben Völker für ihn ebenso wenig in Frage wie die Überzeugung, dass die schwarze Rasse aufgrund ihrer Minderwertigkeit langfristig zum Aussterben bestimmt sei: „... Und dieser Selektionsprozess, der die Starken überleben, die Schwachen aber untergehen lässt, wird nach dieser jahrhundertelangen Entwicklung zu einer Dezimierung der Braunen und Schwarzen führen. Dabei ist zu befürchten, dass beim Beginn der Ära der ‚Großen Gemeinschaft‘ nicht mehr viele Dunkelhäutige imstande sein werden, sich weiterhin durchzusetzen und ihre Rasseneigenart zu bewahren.“[5]

Immerhin war Kang kein Hardliner. Für ihn gab es durchaus Entwicklungsmöglichkeiten: „Es ist nicht so, dass sich Menschen mit hellerer Hautfarbe von Dunkelhäutigen abgestoßen fühlen müssen; die Erfahrung zeigt, dass Weiße und Gelbe, die lange Zeit mit Schwarzen zusammengelebt haben, diese nicht mehr als hässlich ansehen. Es ist also

[3] Zitiert nach K’ang Yu Wei, Ta T’ung Shu, Das Buch von der großen Gemeinschaft, Eugen Diederichs Verlag 1974, S. 147.

[4] K’ang Yu Wei, a.a.O., S. 142ff.

[5] K’ang Yu Wei, a.a.O., S. 141

damit zu rechnen, dass es eines Tages zahllose Mischehen zwischen Hellhäutigen und Dunkelhäutigen geben wird."[6]

Von dieser aufgeklärten Einstellung sind gelbe und schwarze Menschen im Namibia gute hundert Jahre später noch weit entfernt. In den Arbeitsalltag der schwarzen Menschen in den chinesischen Straßen- und Anlagenbauprojekten ist sie noch nicht eingezogen. Berichte von unwürdigen Arbeits- und Unterbringungsbedingungen, miserablem Lohn, selbst nach namibischen Standards, und sogar Misshandlungen sind an der Tagesordnung. Ein Bauarbeiter in Oshakati berichtet: „Wenn ich einen Besen benutze, um zu fegen, muss ich damit rechnen, dass ein Chinese diesen Besen plötzlich verlangt. Dann kommt der Aufseher, entreißt mir den Besen und schlägt mich. Für die Chinesen sind wir Schwarzen keine Menschen, sondern Untermenschen."[7]

Tausende Namibier arbeiten unter diesen Bedingungen. Ein Teufelskreis, denn Lohndumping und schlechte Arbeitsbedingungen ermöglichen Dumpingangebote bei öffentlichen Ausschreibungen, die immer wieder zur Auftragsvergabe an chinesische Firmen führen. Die namibische Regierung zeigt sich gefangen in diesem Interessenkonflikt. Die Kämpfer des Unabhängigkeitskrieges, die mit chinesischen Waffen an der Front standen, leben ja noch. Wie der über achtzigjährige erste Staatspräsident Sam Nujoma. Dazu kommt die Hoffnung auf Kredite, die China gewährt, während andere Nationen nur Entwicklungshilfe geben. Demgegenüber steht das immer lauter werdende Verlangen der eigenen Bevölkerung, dass das Geld aus

---

[6] K'ang Yu Wei, a.a.O., S. 145

[7] zitiert nach Golf Dornseif, Radikale Chinesen als neue Kolonialherren Namibias, Januar 2012

namibischen Staatskassen doch an Firmen aus dem eigenen Land gezahlt werde und somit im Land bleiben solle.

Im Frühjahr 2009 veröffentlichte die deutschsprachige Allgemeine Zeitung einen Artikel, in dem sie von der bevorstehenden Ergänzung der Windhoeker Straßennamen durch chinesische Schriftzeichen berichtete. Sie bildete einen Prototyp ab, der das Straßenschild für die Robert-Mugabe-Avenue zeigt, ergänzt durch die chinesischen Zeichen „Mu-Jia-Bei". „Unsere Freunde in China waren nicht sehr erfreut über die Kritik, die kürzlich in den hiesigen Medien an ihrem Engagement in Namibia geäußert wurde", wird der Windhoeker Stadtdirektor Niilo Taapopi zitiert.

Ob viele Leser gemerkt haben, dass der Artikel am 1. April erschien?

Herr Bergmann weiß es ganz genau

Warum viele Klischees wahr sind – im Gegensatz zu den Vorurteilen. Und: Was ist dran an den „armen Schwarzen" und den „bösen Jägern"?

Es gibt eine Vielzahl von Stereotypen, wie sich Angehörige verschiedener Völker auf Reisen verhalten: Die Spanier kommen immer zu spät, die Italiener reden ohne Unterbrechung, die Engländer sind steif oder auch hochnäsig, die Amerikaner laut und die Franzosen ganz einfach kompliziert. Das Schlimme daran ist, dass so viele Klischees stimmen. Es kann dir fast nichts Ärgerlicheres passieren, als in der Etoshapfanne auf italienische Touristen zu treffen. Sie sind offenbar nicht in der Lage, ihren Mund für mehr als eine Minute zu halten. „Luigi, Luigi! Kommte die Löwe! Siehst du ihne auch? Gucke die Löwe!" Dass ihr durchdringendes Palaver die Tiere am Wasserloch, auf die man die ganze Zeit gewartet hat, vertreibt, interessiert sie nicht. Den Schaden haben leider nicht nur sie, sondern auch alle anderen Tierbeobachter im Umkreis.

Und die deutschen Touristen? Sie gelten als Besserwisser. Als Besserwisser und Oberlehrer. Und leider trifft auch dieses Klischee sehr oft zu. Dabei sehen sie gar nicht aus wie Lehrer, wenn sie so aus dem Flugzeug steigen. Die meisten sind offenbar Laien-Modelle für die aktuelle Outdoor-Kollektion von Jack Wolfskin. Von Kopf bis Fuß sind sie in brandneue, mit Reißverschluss teilbare Safarihosen, in Fleeceshirts, Windjacken und Wanderstiefel mit dem charakteristischen Pfotenabdruck gehüllt. Andere kommen an, als bewerben sie sich für die Nachfolge von Harrison Ford im nächsten Indiana Jones Film. In fabrikneuer Khaki-Montur – die Hemden haben noch Knickfalten – und mit hohen Wüstenstiefeln, die keine einzige Tragespur zeigen, entsteigen sie der Air Namibia und blicken sich erwartungsfroh um: Endlich im Abenteuer angekommen. Ich vermute, nicht nur einer denkt: „Es ist ja nicht ganz das Gleiche, als hätten wir die Kolonie noch, aber man muss nehmen, was man kriegen kann. Abenteuer, wir kommen!"

Die Namibier freuen sich auf die deutschen Touristen, denn sie sind wohlhabend, und man kann sie gut verstehen – aber sie fürchten sie auch. Viele von ihnen kommen nicht ins Land, um sich offen mit den Verhältnissen vertraut zu machen. Sie haben einen ganzen Rucksack voller Überzeugungen dabei.

Vorurteil 1: „Die armen, armen Schwarzen."

Meine namibischen Bekannten glauben eines ganz genau zu wissen: „Die Deutschen, die denken doch, wir sind alle Rassisten."

„Na ja", habe ich meinem Freund Fred erklärt, als er sich darüber beschwerte. „Vielleicht halten euch nicht alle für Rassisten, aber wenn man euch so reden hört, das ist oft nicht politisch korrekt. Man kann doch nicht über einen

Menschen sagen, er sei ein ‚Fittie'[1] oder eine ‚Maid' nur weil er oder sie schwarz ist. Und das böse Wort vom Kaffer[2] ist ja nun auch noch nicht ausgerottet, oder Freunde?"

„Also ehrlich", begehrt Fred auf, „das sagt doch keiner mehr, wenn Deutsche dabei sind. Das sagen wir untereinander und meist nur, wenn wir uns richtig aufgeregt haben. Und: Erzähl uns nicht, dass es das bei euch nicht gibt. In Deutschland schimpfen sie auch auf die, die anders sind. Früher auf die ‚Itaker', heute auf die ‚Mustafas'. Ihr nennt islamisch angezogene Frauen ‚Schleiereulen' und schimpft auf die vielen Einwanderer. Warum ist das nicht rassistisch?"

Ich sag dann immer, dass ich diese Verunglimpfungen genauso wenig in Ordnung finde, wie das, was man hier in Namibia macht. Aber darum geht es meinen Freunden gar nicht. Ich bin hier nicht das Problem, sondern die Touristen. Vielen einheimischen Namibiern kommt es vor, als fahren die durchs Land, sehen die Wellblechhütten und seufzen immer sofort: „Die armen, armen Schwarzen. Denen muss man doch helfen, die werden doch total unterdrückt von den Weißen hier."

„Aber das stimmt ja gar nicht." Fred hat schon Schaum vorm Mund. Okay, es ist Bierschaum. Aber man könnte auch denken, die Wut steigt in ihm hoch.

„Erstens hat Namibia seit zwanzig Jahren eine schwarze Regierung. Da wird niemand wegen der Hautfarbe unterdrückt außer vielleicht wir. Wer heute in Namibia weiß ist, der findet für seine Kinder doch nur noch einen Job

[1] Herabsetzende Bezeichnung für einen schwarzen Mann.

[2] Ursprünglich vom arabischen „Käfir" für „Ungläubige" abgeleitetes Schimpfwort für einen schwarzen Menschen. Der Gebrauch ist in Namibia und Südafrika verboten.

bei Verwandten oder Freunden. In den offiziellen Stellen, Regierungsbehörden oder anderen Leitungsfunktionen hast du als Weißer kaum eine Chance. Das sind alles Jobs, die Schwarzen vorbehalten sind. Aber keiner sagt: Diese armen, armen weißen Kinder hier – die können doch gar nichts dafür, dass sie weiß sind. Die sind auch hier geboren. Das sind auch Namibier, und die werden auch wegen ihrer Hautfarbe diskriminiert. Immer höre ich nur, ‚die armen Schwarzen'". Fred holt kurz Luft. „Dabei gibt es hier so viele reiche Schwarze – guck dir mal die Porsche Cayennes an, die die fahren. Die könnten doch ihren armen schwarzen Brüdern helfen. Aber nein, das tun die nicht. Und das sehen diese deutschen Besserwisser natürlich nicht. Die denken, der liebe Gott hat sie hergeschickt, damit sie höchstpersönlich die armen, unterprivilegierten Kinder auf die Universität schicken."

Der Mann an meiner Seite hat eine eigene Methode entwickelt, um mit deutschen Weltverbesserern umzugehen: Neulich hatten wir wieder das Vergnügen mit einem älteren Paar, das beschlossen hatte, seinen Lebensabend statt im grauen Deutschland lieber unter namibischer Sonne zu verbringen. Sie haben sich eine Wohnung gekauft, dazu einen Bakkie mit Dachzelt. Und nun reisen sie jedes Jahr für sechs Monate durchs Land. „Ach, die armen, armen Schwarzen." Nachdem wir uns das eine Stunde lang angehört hatten, hat Kurt ihnen den Tipp gegeben, doch mal ins Herero Kulturzentrum bei Okakarara zu fahren. Das wollten sie auch sofort auf der nächsten Tour machen.

Als wir sie danach wieder getroffen haben, waren sie schon deutlich stiller. Ich wusste, warum. Auch mir hatte es die Sprache verschlagen, mit welcher Gleichgültigkeit hier deutsche Hilfs- und Fördergelder verschwendet wurden: Das Museum – nicht nur mit Bauschäden, sondern auch schmutzig und ungepflegt. Das Café, als Begegnungsstätte gedacht, verkommen. Eine Anlage, die mindestens zwanzig Arbeitsplätze hätte schaffen können, wird heute notdürftig am Leben erhalten von einer dunkelhäutigen Praktikantin. Die ist allerdings Deutsch-Ghanaerin und wurde vom Deutschen Entwicklungsdienst für sechs Monate aus Deutschland hergeschickt.

Vorurteil 2: Die bösen Jäger

Namibia ist ein gefragtes Touristenziel, das ist allgemein bekannt. Mindestens ebenso beliebt ist es aber bei Jägern. Auf fast jedem Flug kommen sie an mit ihren langen Waffenkästen. Oft sind es bärtige Männer, dem Dialekt nach aus den südlichen Ländern Deutschlands. Die Touristen hatten oft schon in Frankfurt und München am Check-in gestanden und lange, kritische Blicke auf deren Waffenkästen geworfen.

„Da sind sie, die anderen, die Schlächter. Wir kommen nach Namibia, um die Natur in ihrer ganzen unberührten Schönheit zu bewundern. Diese hier, die sind gekommen, um die wundervollen Tiere zu töten, die wir nur mit der Kamera einfangen wollen. Und das Schlimmste ist: Sie hängen sie dann an die Wand oder stellen sie ausgestopft ins Wohnzimmer. Barbaren allesamt."

Wie so oft, sind sich die Touristen sicher in ihrer Meinung, wer zu den Guten und wer zu den Schlechten gehört. Schwarz- und Weißmalerei einmal anders, aber genauso festgefahren.

Man kann schon ahnen, wie wichtig es ist, dass sich Jäger und Touristen in Namibia so wenig wie möglich begegnen. Das würde nur Streit geben. In den meisten Fällen ist das auch kein Problem. Lodges und Gästefarmen sind in der

Regel spezialisiert auf eines der beiden Interessengebiete. Nur wenige bieten die Jagd mit der Flinte ebenso an wie die mit der Kamera.

Ich kann die Touristen übrigens verstehen: Für mich ist es auch verstörend, wenn ich nach einem wundervollen Tag im Busch mit Tierbeobachtungen auf meinem Lodgezimmer ankomme und dort in der Gästemappe das volle Angebotspaket für den Jäger finde: Lachende Männer mit dem Fuß auf dem Kudu, Preislisten von Trophäendiensten, Fotos von Trophäen, die auf dieser Farm schon geschossen wurden. Ganz verständlich, dass sich viele Gäste davon abgestoßen fühlen. Auch ich denke dann an den seelenvollen Blick des Kudus mit seinen großen Mickey-Mouse-Ohren, den ich am Nachmittag mit dem Teleobjektiv eingefangen habe, und schaudere, wenn ich mir vorstelle, dass der Kopf des sanften Tieres womöglich bald ein bayerisches Wohnzimmer „schmückt".

In dem Beispiel, das ich miterlebt habe, ist ein deutscher Tourist, nennen wir ihn Herrn Bergmann, abends wutschnaubend zum Abendessen erschienen und hat den Besitzer der Gästefarm angeschrien. Es sei unmöglich, hier das Töten von Tieren zu propagieren. Das sei inhuman und widerwärtig. Er würde sich beim Reiseveranstalter beschweren und auf jeden Fall einen langen gepfefferten Artikel in der Allgemeinen Zeitung und im Internet darüber veröffentlichen, wenn er erst wieder in Deutschland sei. Sein Gesicht wurde immer röter. Ich hatte Sorge, im Eifer des Gerechten könnte Herrn Bergmann aus Hamburg tatsächlich der Schlag treffen.

Mit diesem Lodgebesitzer hatte er sich aber den falschen ausgesucht. Der entschuldigte sich nämlich erst einmal. Die Jagd-Broschüren hätten aus den Zimmern entfernt werden sollen. Natürlich fühlten sich alle, die nicht Jäger sind, von solchen Bildern gestört, das sei verständlich. Hier sei ein Fehler passiert, der sei bedauerlich. Die Drinks dieses Abends gingen aufs Haus.

Aber dann ging es erst richtig los. Woher denn Herr Bergmann so genau wisse, was richtig und falsch sei in Namibia? Und woher vor allem, dass die Jagd, die Trophäenjagd falsch sei? Der Wirt trat an das große Fenster des Speiseraums, von dem aus man einen fast 360-Grad-Blick über das Gelände der Lodge hat. „Seht euch das an: Ich habe hier fünfzig Hektar, die habe ich geteilt in zwei Grundstücke. In dem einen Teil wird geschossen, in dem anderen nicht. Das merken sich die Tiere. Wenn sie in dem Teil in der Nähe des Hauses und bei den Wasserstellen sind, dann wissen die: Hier wird nicht gejagt. Sie sind entspannt, fürchten Menschen und Autos nicht, und ihr könnt sie gut beobachten. Nur in dem anderen Teil, der dort hinter der kleinen Hügelkette beginnt, da wird geschossen, dahin bringe ich die Jäger. Die wollen es ja auch nicht bequem haben. Die wollen pirschen und für ihre Trophäe etwas leisten. Die meisten zumindest."

„Warum muss denn aber überhaupt gejagt werden?", versucht Frau Bergmann den Zorn ihres Mannes zu erklären. „Hier ist so viel Platz. Da könnten doch alle Tiere bleiben. Sie können unmöglich so viel mehr Geld mit den Jägern machen. Warum nehmen Sie nicht einfach ein paar Touristen mehr auf?"

Der Lodgebesitzer schüttelt den Kopf. Hier ist Geduld gefragt. Er führt diese Diskussion nicht zum ersten Mal, aber immer wieder geht ihm auf die Nerven, dass diese Leute denken, sie wissen alles – in einem fremden Land. Aber die Frau hat gefragt. Sie verdient eine ordentliche Antwort.

„Das seht ihr falsch, hier ist nicht Platz für alle. Seht

mal, jetzt sind die Wasserstellen voll und der Busch ist grün. Aber das ist ganz untypisch für Namibia. Wenn wir hier Dürre haben, dann ist Wasser knapp und teuer und das Futter für die Tiere auch. Dann muss ich zufüttern und Tankwagen mit Wasser holen, aber das reicht auch nicht. Habt ihr schon mal gesehen, wie das ist, wenn Hunderte von Tieren vor Durst verenden? Ich schon. Das ist kein schöner Anblick. Da verkaufe ich lieber ein paar von den Tieren zum Abschuss. Das gibt so viel Geld, das könnt ihr euch gar nicht vorstellen. Liebe Gäste, ich habe euch gerne hier, aber ich muss zehn von euch haben für einen Jäger." Herr und Frau Bergmann schauen sich betreten an. Das hört man ja gar nicht gerne, dass man als Gast so wenig wert sein soll. Der Wirt spürt den Stimmungsumschwung. „Versteht mich nicht falsch, ich habe Jäger nicht lieber als Fototouristen. Aber ich habe einfach auch kein Problem mit ihnen. Sie bringen Geld, das ich dringend benötige, um die Anlage hier zu unterhalten und in Notzeiten Wasser und Futter kaufen zu können. Und: Jagd ist auch wichtig für den Bestand. Ich vergesse immer, dass ich euch das erklären muss. Das sollte ich aufschreiben und auf die Zimmer legen."

Nun hat er die Aufmerksamkeit aller Gäste, die um den großen Esstisch sitzen. „Ihr habt doch heute die Rundfahrt gemacht: Wir haben hier jede Menge Antilopen. Kudus, Springböcke, Oryx, Wasserböcke und und und .... Dazu noch die vier Nashörner, die einige von euch gesehen haben. Ehrlicherweise sind irgendwo auch ein paar Geparden. Die seht ihr selten, aber sie sind da. Habt ihr Löwen gesehen oder Leoparden? Fehlanzeige. Die gibt es hier schon lange nicht mehr. Und das bedeutet, dass es viel zu wenig natürliche Feinde gibt für meine Tiere. Und sie vermehren sich und vermehren sich – und keiner frisst sie. Das Fleisch, das wir für die Lodge schießen, das spielt gar keine Rolle. Das merkt man gar nicht im Bestand. Aber das ist immer noch nicht das Schlimmste." Er nimmt einen großen Schluck Bier. Die Kehle wird trocken. „In einer Herde, sagen wir bei den Kudus, da darf nur der Leitbulle ran an die Kühe und sich paaren. Alle anderen jungen, kräftigen Bullen – die können nur zugucken, die kriegen keine Chance. Früher, da hatte das Leittier ein paar Jahre, in denen es der Chef war, dann war er vom Kämpfen mit den Rivalen und vom Alter geschwächt und ein Löwe hat ihn gerissen. So konnte ein anderer ran und sein junges, frisches Erbgut weitergeben. Heute, ohne Löwen, heute kann der alte Bulle viel zu lange die Herde dominieren. Seine Kraft ist weg, sein Erbgut ist schwach, aber immer noch ist er der Chef und kann allein die Frauen beglücken."

Er lacht. An dieser Stelle sind die Gesichter der Gäste immer wieder sehenswert. „Aber genau diese Alten, die schon längst abtreten müssten, das sind die mit den Riesenhörnern. Das sind die, die die Trophäenjäger haben wollen. Versteht ihr jetzt? Die Jäger nehmen heute den alten Bullen aus der Herde, so wie früher der Löwe. Die schießen keine jungen Tiere, keine Kühe, keine Kälber. Das macht alles keinen Eindruck an der Wand. Und außerdem verkaufe ich denen ja genau ein bestimmtes Tier. Meine Guides, die kennen doch die Tiere und führen sie direkt zu dem alten Bock, der längst weg muss. Peng! Die hatten ihren Spaß, haben eine Trophäe an der Wand. Und ein junger, starker Bock ist glücklich, dass er jetzt seinen eigenen Harem haben darf. Ich bin auch glücklich, denn die Jäger haben richtig viel Geld bezahlt für den Abschuss. Der Taxidermist, der Tierpräparator, ist glücklich, denn ihm zahlen sie auch noch mal eine Menge Geld und damit kann er viele Angestellte bezahlen, schwarze Angestellte übrigens.

Die sind auch glücklich. Nur ihr seid nicht glücklich – solltet ihr aber sein."

Diesem Mann nimmt keiner so schnell die Butter vom Brot, denke ich. Aber ganz so idyllisch, wie er die Jägerei beschreibt, ist sie nun auch wieder nicht.

2013 haben Jäger einen der geschützten Löwen abgeknallt, den der Löwenexperte Flip Stander seit Jahren beobachtet hatte. Angeblich sei der Löwe außerhalb des Reservats gewesen und sie hätten eine Genehmigung gehabt. Wer ihnen eine Genehmigung zum Abschuss von Löwen gegeben hatte, fragt man sich natürlich und vermutet sofort, dass da reichlich Bakschisch in irgendwelche Taschen im Ministerium für Landwirtschaft und Naturschutz geflossen sind. Und welcher Jagdführer hat diese Jäger auf einen Löwen schießen lassen, der ganz offensichtlich ein Halsband mit Sender trug, ein „Collar"? Ich fürchte, man muss zugeben, dass jede Branche ihre schwarzen Schafe hat. Löwenjäger gehören für mich dazu.

Nicht dazu gehört meiner Meinung nach ein Pechvogel, der ehemalige König Juan Carlos von Spanien. Der wurde ja von den Medien dabei erwischt, dass er in Namibias Nachbarland Botswana Elefanten jagte. Und er musste erleben, wie sich der Volkszorn aller seiner Bürger über ihn ergoss. Dabei kann man die Elefantenjagd und die Löwenjagd nicht miteinander vergleichen. Löwen sind gefährdet, können nur noch in wenigen abgelegenen Gebieten und in Reservaten überleben. Elefanten dagegen sind in Botswana durch den Schutz fast zur Plage geworden. Man sagt, die Chobe-Region könne ca. 10.000 Elefanten problemlos beherbergen, tatsächlich leben hier mittlerweile über 30.000. Da der Elefant bei seinen täglichen Fressorgien von über sechzig Kilo Astwerk pro Tier

Buschveld[3] und Wälder regelrecht verwüstet, kann man sich vorstellen, was passiert, wenn die Population zu groß ist. Die Tiere gehen auf Futtersuche in die Dörfer und auf die Felder, fressen die Lebensgrundlage der Menschen und hinterlassen Schneisen der Zerstörung. Sehr oft führt das dann zu Wilderei. Die Menschen töten die Elefanten, die ihre Felder und Hütten ruinieren, und das ist oft grausamer als bei der professionellen Jagd.

Auch im Erindi Wildreservat bei Otjiwarongo, nur zwei Stunden nördlich von Windhoek, ist es schon fast so weit. Fährt man mit dem Safariwagen in den Teil des Geländes, in dem sich die Elefanten vorwiegend aufhalten, glaubt man, hier seien Bulldozer außer Kontrolle geraten – so stark haben die Dickhäuter das Gelände verwüstet. Mit einer Ausnahme – den Wüstenelefanten des Kaokovelds – ähneln die sanften Riesen darin leider ihren menschlichen Feinden: Sie denken wie wir nicht über Ressourcenschonung für morgen nach.

Daher ist der kontrollierte Abschuss alter und schwacher Tiere mit Sicherheit eine vertretbare Maßnahme. Und wenn Juan Carlos für die Abschussgenehmigung ein Heidengeld bezahlt hat, dann stößt das seinen Landsleuten mitten in der spanischen Wirtschaftskrise verständlicherweise sauer auf. Aber er hat damit das Gehalt vieler Wildhüter gesichert, die sich um den Schutz der Tiere kümmern können.

Eine lustige Jagdgeschichte habe ich noch: Auf der Gäste- und Jagdfarm Immenhof sitzen wir beim Frühstück, als plötzlich meine Freundin kommt und sagt: „Du musst unbedingt sofort rauskommen – da sitzt ein Yeti auf dem Farmwagen." Und tatsächlich: Draußen auf dem Aus-

3 Die mit Bäumen durchsetzte Graslandschaft im südlichen Afrika.

gucksitz des Bakkies hat ein Wesen Platz genommen, dass entweder ein Yeti ist oder einer der wandelnden Bäume aus Tolkiens Herr der Ringe. Von oben bis unten mit gelbbraunem Blatt- und Buschwerk behängt, thront dort ein Jäger in voller Camouflage.

Wie sich rausstellt, ist das Juri, ein russischer Offizier, der hier nach Namibia gekommen ist, um mal nach Herzenslust afrikanische Tiere zu jagen. Dafür hat er sich richtig ausstaffiert, denkt er. Die Tatsache, dass er die meisten Antilopen vom Wagen aus schießen kann, irritiert ihn allerdings. Klar, denn auf dem Geländewagen ist seine Ausrüstung nur hinderlich. Der Offizier möchte es eigentlich schwerer haben und auch exotischere Tiere schießen, eine Giraffe zum Beispiel, dolmetscht sein Sohn. Juri selbst spricht nur Russisch. Ich halte die Luft an, aber der Farmer ist ungerührt. Sein Nachbar im Süden hat zu viele Giraffen. Die haben sich sprunghaft vermehrt, haben ja auch keine natürlichen Feinde und zerstören ihm zudem die Bäume. Da kann der Russe gerne kommen und ordentlich zahlen. Wenig später ist alles geklärt. Sie werden mit dem Flugzeug hinfliegen und dann kann er dort richtig pirschen. Ich hoffe nur, seine Camouflage passt in die kleine Cessna.

Moderne Nomaden

Warum Campen in Namibia mit nichts zu vergleichen ist. Und: Werden die ursprünglichen Nomaden irgendwann auch davon profitieren?

Ich liebe es, mit dem Zelt unterwegs zu sein. In Namibia ist das die schönste Art zu reisen, finde ich. Als ich meiner Mutter am Telefon zum ersten Mal erzählte, wir würden nun eine Campingtour in den Caprivi (seit 2013 Sambesi genannt) machen, war sie entsetzt. „Kind, soll ich dir Geld schicken? Damit du dir eine ordentliche Unterkunft leisten kannst? Ich hatte ja keine Ahnung."

Dabei geht es mir nicht ums Geld. Zugegeben, Campen ist viel billiger als von Lodge zu Lodge zu fahren. Damit ist es für viele Namibier die einzige Möglichkeit, ihr Land zu bereisen. Die Übernachtungspreise sind selbst für europäisches Niveau hoch – und für Namibier, die deutlich weniger verdienen, in der Regel unerschwinglich. Da hilft es nur wenig, dass mittlerweile einige Lodges Sonderangebote für Einheimische haben. Campen dagegen ist günstig – und auf hohem Niveau.

Ich kann die Reaktion meiner Mutter allerdings verstehen. Camping in Deutschland ist oft beengt und furchtbar spießig. Ich habe einmal in Deutschland Freunde auf einem Campingplatz an der Ostsee besucht und war entsetzt über die ordentlichen Reihen sauberer Wohnwagen, die Waschzentren, die Badeschlappen- und Jogginghosenträger, die aussahen, als wohnten sie dort jahraus, jahrein, und die dem ganzen Platz das Flair einer Sozialwohnungssiedlung gaben.

Das Gegenteil ist beim Camping in Namibia der Fall. Während die Lodges Inseln der Zivilisation in der Wildnis sind, die wie kleine Dörfer wirken, ist man auf dem Campingplatz mitten im Busch. Meistens hat man viel Platz für sich. Ich kann das Auto meines Nachbarn sehen, aber nicht hören, wenn er schnarcht, oder erkennen, was er auf seinem Grill hat. Besonders schön sind die Campingplätze im Süden des Landes. Dort gibt es sogenannte „Private Campsites". Diese Plätze haben ein eigenes – privates – oft sogar gemauertes Häuschen mit Toilette und Dusche. An meinem Lieblingsplatz in der Kalahari ist noch eine kleine Außenküche dabei, mit fließendem Wasser, in der man abwaschen kann.

Wenn ich mich dort umschaue, sehe ich etwa zehn dieser Häuschen, die weit verstreut in den sanft rollenden Kalaharidünen stehen. Wir parken unseren Geländewagen vor einem von ihnen, klappen das Dachzelt auf, holen Holz und Grillrost heraus und ein paar Stühle – und innerhalb von Minuten sitzen wir an einem romantischen Lagerfeuer mitten in der Kalahari. Wir hören die Abendstimmung, die Vögel und Insekten, und warten, ob vielleicht eine Familie von Oryxantilopen auf dem nächsten Dünenkamm auftaucht, um sich in Ruhe die Menschen anzuschauen.

Wenn wir nicht so froh über den ganzen Luxus wären,

den wir hier finden, könnten wir uns fühlen wie Nachfahren der Buschmänner, der San, die ja ihren Lebensraum hier hatten und zwischen diesen flachen Dünen herumgestreift sind. Ein paar Kilometer weiter östlich kreuzt die Grenze nach Botswana die Kalahari, wo der kleine Buschmann Xi in dem Film „Die Götter müssen verrückt sein" versuchte, eine gefundene Colaflasche wieder loszuwerden, indem er sie über die Grenzen der Welt warf.

Die heutige Realität der San in Namibia ist alles andere als idyllisch oder pittoresk. Ihre traditionelle nomadische Lebensform ist selbst in diesem weiten, menschenleeren Land nicht mehr möglich. Farmer haben das Land mit Vieh- und Wildzäunen durchschnitten und eingeteilt. Sie lieben es gar nicht, wenn eine San-Familie auf ihrem Land lebt und jagt. Dass die San nur zum Eigenbedarf Tiere erlegen, nützt ihnen nichts. Auch das eine Rind alle paar Wochen wird ihnen nicht gegönnt. Das Wandern über Grenzen und wildes Lagern ist verboten. Die San müssen sesshaft werden.

Neben der Kalahari ist der Etoshapark eines der angestammten Gebiete der Buschleute. Es ist bezeichnend für das Denken der kolonialen Gründer, dass sie 1907 bei der Einrichtung dieses ausgedehnten Reservates – Etosha ist etwa so groß wie das gesamte Bundesland Hessen – ein Schutzgebiet für bedrohte Tiere schufen und die gleichermaßen von Ausrottung bedrohten Menschen ignorierten. Die San mussten draußen bleiben und verloren ein weiteres Wandergebiet.

Heute ist unweit des Parks die Ombili-Stiftung untergebracht. Hier versucht man, San-Familien die Sesshaftigkeit beizubringen. Es gibt ein Dorf, das nach Anmeldung besichtigt werden kann – schließlich braucht die Stiftung

Geld. Dort sitzen die Buschleute vor niedrigen Pontoks[1] aus Zweigen und Lehm, die um einen Dorfplatz gebaut sind. Die Frauen flechten Brotkörbchen und Ähnliches, die Männer schnitzen. Alle sind bekleidet. Zu Ombili gehören verschiedene Werkstätten, ein Museum, eine Krankenstation, ein Kindergarten, eine Schule und ein Schulgarten. Besonders um die Kinder will man sich kümmern. Man will ihnen eine Ausbildung geben, mit der sie eine Chance haben, in der modernen namibischen Gesellschaft ihren Platz zu finden, sesshaft zu sein, mit Arbeit.

Unweit von Windhoek liegt eine zweite Initiative, die das Gleiche versucht. Auf der Lodge Na'an kuse werden nur Buschleute angestellt, die angelernt oder ausgebildet werden, um alle anfallenden Arbeiten zu verrichten – ob als Zimmermädchen, Köchin oder Wildführer. Auch hierzu gehört ein Dorf, in dem die Familien leben, und eine Schule für die Kinder.

Trotzdem ist die Zukunft der meisten San dunkel. Viele Erwachsene hängen an der Flasche. Wie die Indianer Amerikas und die Aborigines in Australien scheinen auch diese Ureinwohner des südlichen Afrikas keine mentalen oder körperlichen Abwehrkräfte gegen den Alkohol zu haben. Die Schulleiterin in Ombili, die uns herumführte, sagte nur trocken: „Wenn hier einer von zehn Männern weiß, was ein Brot kostet, dann haben Sie Glück. Aber ich mache jede Wette, dass sie Ihnen genau sagen können, in welcher Stadt im Umkreis von fünfzig Kilometern der Fusel am billigsten ist." Deswegen setzt man seine Hoffnung auf die Kinder. Glockenhell sang der Ombili-Chor für uns ein paar Lieder,

[1] Traditioneller Kral mit Rundhütten aus Holzstämmen, Zweigen, Rinde, mit Lehm verschmiert, oft mit Tierhäuten abgedeckt. Der Begriff wird heute auch für die Wellblechhütten der Nama, Damara und Herero verwendet.

und ich wollte nicht glauben, dass auch von diesen aufgeweckten Mädchen und Jungen, nachdem sie Ombili verlassen, siebzig Prozent auf der Straße landen, an der Flasche, in Kriminalität und Prostitution. Die Leiterin sah mich mit festem Blick an: „Man muss hier seine Erwartungen verändern. Ich weine nicht mehr um all die, die es nicht geschafft haben. Ich habe gelernt, mich über jeden zu freuen, der es schafft."

Die San sollen also sesshaft werden – während wir mehrmals im Jahr das Auto packen und das Land durchstreifen. Kurt und ich schlafen dabei übrigens im Dachzelt. Der Vorteil liegt auf der Hand. All die Tierchen, die im Busch in der Nacht so auf dem Boden herumkrabbeln, erreichen uns hier nicht. Wir klettern die wenigen Stufen der kleinen Aluleiter hoch und schlafen sicher und bequem auf dem Dach des Geländewagens. Von hier oben sieht die Welt noch viel schöner aus.

Der Aufbau eines solchen Zeltes will allerdings geübt sein. Und dieses Üben findet am besten nicht nachts statt. Sehr amüsiert haben wir eines Abends beobachtet, wie eine mehrköpfige Familie mit zwei Autos und zwei Doppel-Dachzelten bei Einbruch der Dunkelheit auf Roys Restcamp in der Nähe von Grootfontein einfuhr. Wir hatten die wichtigste Camperregel beherzigt, die da lautet: „Sei so rechtzeitig an deinem Ziel, dass du alles aufgebaut hast, wenn es dunkel wird. Denn aufbauen im Dunkeln ist Mist."

Wir saßen also schon gemütlich in unseren faltbaren Campingsesseln am Lagerfeuer, ein Bierchen in der Hand – vielleicht war es auch schon das zweite – vor uns brannte das Feuer, auf dem in etwa einer Stunde unsere Steaks brutzeln würden. Der Busch sang sein Abendlied. Perfektion.

Nicht so für die offenbar neu aus Deutschland angereiste Familie. Wie wir ihren frustrierten Rufen entnehmen konnten, waren sie erst am Mittag am Flughafen Windhoek eingetroffen, hatten die Autos übernommen und sich dann noch auf den Weg nach Norden gemacht. Nun ja – es war ja auch erst sechs Uhr. Aber im namibischen Winter wird es eben früh dunkel. Dass man Taschenlampen mitnehmen sollte, wenn man campt, hatten sie sich auch nicht klargemacht. Eine hatten sie – für vier Personen. Keine Comedyshow hätte besser sein können, als in der folgenden Stunde zu beobachten, wie sie versuchten, mit dem Licht dieser einen Taschenlampe die vier in feste Planen gehüllten Pakete auf den Autos in Dachzelte zu verwandeln. Sie hätten dafür die Hüllen lösen und abnehmen müssen. Dann die Stangen finden und zusammenstecken, in den richtigen Halterungen befestigen, um die Zelte aufzustellen, die Vordächer spannen und die Leitern montieren. Keine leichte Aufgabe, wenn man es praktisch blind tun muss.

Nach etwa einer halben Stunde warf ich einen Blick auf den Mann an meiner Seite. „Sollen wir ihnen Lampen geben? Wir haben ja genug." Das war die Untertreibung des Jahres – wir haben beim Campen genug Lampen dabei, um einen ganzen Campingplatz zu beleuchten, sowohl Petroleum wie batteriebetrieben. „Nö", beschied er, „geschieht denen ganz Recht. Ich mag diese Deutschen nicht, die denken, sie wissen alles, wenn sie herkommen. Die sollen sich ´nen ordentlichen Reiseleiter nehmen oder wenigstens bei einem ordentlichen Veranstalter buchen. Der hätte ihnen das alles erklärt. Aber diese Selbstfahrer – die sind moss[2]

[2] Nach dem Afrikaansen "mos" für „doch". Gern gebrauchtes bekräftigendes Füllwort im Namibiadeutsch.

schlau. Dann können die mal sikkeln[3]."

Stimmte ja irgendwie. Dauernd musste er in seinem Job Deutschen aus der Patsche helfen, die Namibia auf eigene Faust erkunden wollten und sich dabei hoffnungslos überforderten. Dies war immerhin unser Urlaub.

Also beobachteten wir sie weiter, wie sie Planen aus- und wieder einfalteten. Stangen klapperten, fielen, blieben verschwunden. Nach eineinhalb Stunden gaben sie auf. Im Gänsemarsch folgten sie dem Schein ihrer einen Taschenlampe in Richtung Restaurant, das zur benachbarten Lodge gehörte. „Deren Glück, dass Roy auch die Zimmer und das Restaurant hat", brummte Kurt, „sonst würden die auch noch hungrig schlafen gehen. Vielleicht hat er ja auch noch Betten frei." Hatte er aber nicht. Wir waren schon in unser Dachzelt geklettert und beobachteten noch die Sterne am nächtlichen Himmel, als das Trüppchen zurückkehrte. Sie hatten den Aufbau der Zelte aufgegeben. Irgendwie schafften sie es aber, die Leitern zu befestigen, kletterten hoch und legten sich einfach unter die Planen.

Dabei hatten sie noch Glück, dass der Winter in diesem Jahr in Namibia langsam losging. Als wir im Jahr zuvor das neue Dachzelt ausprobieren wollten, war es auch August, tiefer Winter. Wie ich finde, fast die schönste Jahreszeit in Namibia. Ja, die Tage sind kurz, auch hier ist es im Winter um sechs Uhr dunkel. Und es kann nachts kalt werden, in manchen Lagen deutlich unter Null Grad. Aber die Tage sind immer sonnig, in der Sonne auch schön warm, zwischen fünfzehn und fünfundzwanzig Grad, und der Himmel ist Tag für Tag unweigerlich blau und wolkenlos. Ideales Reise- und Fotowetter.

---

3 Namibiadeutsch für sich abmühen, sich plagen. Nach dem Afrikaansen „sukkel".

In jener ersten Nacht in unserem neuen Dachzelt war ich sehr froh, dass ich die dicke Daunen-Bettdecke ins Auto gepackt hatte, sie wärmte besser als jeder Schlafsack. Mitten in der Nacht hatte ich dann auch meine Wollmütze aufgesetzt, denn der Kopf guckt ja naturgemäß raus aus der Decke und ist auch noch nah an der Zeltwand – also kalt. Neben der Taschenlampe ist also der zweite wichtige Ausrüstungsgegenstand beim Campen, zumindest im Winter, eine schöne warme Wollmütze – und am besten auch eine warme Jacke für die Abende am Lagerfeuer. Von hinten kriecht sonst der Frost heran. Als wir voller Stolz auf unsere erste Nacht im neuen Zelt den Morgenkaffee vom Kocher nahmen, zeigte das Thermometer minus acht Grad. Windhoek hatte angeblich schon mal minus zwanzig Grad – da hatten wir Glück gehabt.

Im Norden Namibias ist es nicht so kalt im Winter, und dahin ging unsere Reise. Am Oberlauf des berühmten Okavango ist der Fluss überschaubar. Etwa wie an der Elbe bei Hamburg hat man das andere Ufer noch im Blick. In das weltberühmte Flussdelta fächert er sich erst auf, nachdem er sich einige Kilometer später über die Grenze nach Botswana geschoben hat. Aber auch hier in Namibia ist das Land von kleinen Nebenläufen durchzogen. Im Mudumo-Nationalpark findet man viele Überflutungsgebiete, die an das berühmte Delta erinnern. Für mich gab es hier die ersten Begegnungen mit Flusspferden. Antilopen, Elefanten, Raubkatzen – alles hatte ich schon gesehen, selbst Nashörner. Aber die großen, plumpen Wasserriesen gibt es natürlich im trockenen Süden nicht.

Auf dem Campingplatz der Mahangu-Lodge angekommen, stellten wir fest, dass wir einen der schönsten Plätze bekommen hatten. Direkt am Wasser gelegen, mit einer kleinen befestigten Plattform für Tisch und Stühle. Schnell waren wir eingerichtet, Dachzelt hoch, Tische raus, Feuerstelle bestückt etc. Alles zusammen in weniger als zwanzig Minuten – viel Zeit noch bis zum Sonnenuntergang. Da hörte ich sie zum ersten Mal. Ein dumpfes keuchendes Geräusch, ein Brüllen. Es klang kraftvoll und aggressiv.

„Was ist das denn?"

„Hippos im Fluss", war die Antwort.

Ich schnappte mir den Fotoapparat und verbrachte die nächste Stunde auf einem umgestürzten Baumstamm mit dem Versuch, genau dann abzudrücken, wenn sich die mächtigen Köpfe aus dem Wasser hoben. Kurz nur kamen sie hoch, öffneten die riesigen Schaufelkiefer weit, brüllten und verschwanden wieder. Kurt angelte im rotgoldenen Abendlicht.

Als wir die wenigen Schritte vom Ufer zum Auto zurückgingen, drehte er sich plötzlich irritiert um.

„Siehst du auch diese Lücke da im Schilfgras?"

Ich sah sie. Sah aus, als hätte da jemand sich den Weg zum Ufersaum freigetrampelt.

„Und da drüben – da ist noch so eine Stelle. Shit, wir sind auf einem Hippopfad!"

„Was ist denn ein Hippopfad?", fragte ich interessiert.

„Da kommen die Hippos an Land, um auf den Flusswiesen zu äsen. Das machen sie, wenn es dunkel wird – also ungefähr dann, wenn wir gleich gemütlich essen wollen."

Hmm. Ich konnte mir gar nicht vorstellen, dass diese wilden Tiere, die für mich immer wie sanfte Riesen waren, unser Feuer ignorieren und uns angreifen würden. Zugegeben, mein Bild von Hippos war zum großen Teil von Gloria geprägt, der Hüften schwingenden Flusspferddame aus dem Zeichentrickfilm Madagaskar. Und, wenn ich es mir recht überlegte, hatte die auch ein ganz schön unberechenbares Temperament.

Überzeugt war ich erst, als ich sah, wie Kurt ohne ein weiteres Wort zum Auto ging, seinen Revolver holte und ihn umschnallte. Das schien doch ernst zu sein ...

„Hippos sind die größten Killer hier im Norden", sagte er. „Glaub's mir. Und wenn die erst mal in Brunft sind, dann achten die auf nichts mehr, dann ist unser Feuer für die nicht mehr als ein Glühwürmchen am Rande ihres Blickfeldes."

Okay, jetzt wurde mir auch ein bisschen mulmig. Dabei bin ich gar nicht so leicht zu erschrecken. Aber es sah tatsächlich so aus, als stünde unser Tisch in direkter Linie hinter diesem Trampelpfad. Das konnte ja lustig werden.

„Du musst vorbereitet sein", redete Kurt weiter. „Was tust du, wenn das Hippo kommt?"

„Ich klettere die Leiter zum Dachzelt rauf?"

„Nicht schlecht – ist aber zu langsam. Wenn das Hippo kommt, dann läufst du schnell zum Auto – rennst um das Auto rum und öffnest auf der anderen Seite die Tür."

„Und dann?"

„Dann springst du rein und rutschst wahnsinnig schnell auf die andere Seite durch – denn ich bin gleich hinter dir."

Ich blickte ihn von der Seite an, aber er schien nicht zu scherzen.

„Also gut, wenn das Hippo kommt, haben wir einen Plan."

Irgendwie hatte uns das Ganze die Lust auf einen gemütlichen Braai verdorben. Wir sahen schon, wie die Koteletts in alle Richtungen flogen, wenn das Flusspferd durchstürmte. Stattdessen gab es Spaghetti mit Tomatensoße aus der gut gefüllten Vorratsbox. Auch lecker.

Wir gingen früh schlafen.

„Ach, noch eins", hörte ich, während ich schon wegdämmerte. „Wenn du heute Nacht rausmusst" – ich wurde wieder wach, das war wichtig – „dann geh nicht zum Waschhaus. Das ist zu weit weg und auf dem Weg kommst du über so eine Rasenfläche, die lieben die Hippos. Wenn du heute Nacht musst, dann klettere einfach die Leiter runter und setz dich kurz neben das Auto. Sieht dich ja keiner ..."

„Die Freuden des Campings", dachte ich. „Aber genau so wird's natürlich gemacht. Ich bin doch kein dummer Jerry[4], der denkt er weiß alles besser ..."

Es sind dann übrigens keine Hippos gekommen – weder an diesem Abend noch an einem der anderen, an denen wir friedlich auf dem umgestürzten Baumstamm saßen und über den behäbig dahinfließenden Okavango sahen. Kurt mit der Angel, ich mit der Kamera. Immer wieder brüllten sie im Fluss – aber geäst haben sie anderswo.

Im Caprivi habe ich meine besten Campinggeschichten erlebt. Nicht alle davon mit vierbeinigen Hauptdarstellern, manchmal boten die Menschen spannendere Unterhaltung als die Tierwelt. Gerne waren wir immer wieder auf dem Campingplatz von Camp Kwando, am gleichnamigen Fluss. Am Flussufer direkt stehen die Bungalows der Lodge, aber dahinter erstreckt sich eine große weite Wiese, auf der weit auseinander gezogen, wie wir es lieben, einige „Private Campsites" sind. Die Wasch- und Toiletteneinrichtungen sind hier nicht gemauert, sondern lediglich durch einen Palisadenzaun aus dicken Ästen gegen die Außenwelt abgeschirmt. Nach oben ist das Ganze offen, man duscht wahlweise unter der Morgensonne oder dem Sternenhimmel. Die „Häuschen" sind geräumig, innen mit großen gemauerten Duschwannen, Waschbecken und sogar einem Spiegel, der an den Palisadenstämmchen befestigt

[4] Auch „Jerrie": Deutscher (Namibiadeutsch).

ist. Der Eingang ist spiralförmig – wie ein Schneckenhaus angelegt. So ist das Innere vor Antilopen sicher, die nicht hineingehen, wenn der Gang nicht gerade und damit nicht einsehbar ist.

Besser kann man es gar nicht haben, finden wir und nehmen gerne gelegentliche Irritationen in Kauf. Wenn z. B. Gruppen, die mit ganz schmalem Budget unterwegs sind, in sogenannten „Overlandern[5]", den Weg zu den Gemeinschaftsduschen scheuen und unser warmes Wasser wegduschen. Die Erfahrung zeigt: Argumentieren hilft nichts, wohl aber ein schnell gebasteltes „Out of order"-Schild. Mit diesem Schild hatten wir unsere Toilette wieder für uns und auch unsere private Luxusdusche unter dem Firmament. Für uns die schönste Campingdusche Namibias.

Offenbar kann man das auch anders sehen. Wie man überhaupt das Camping-Erlebnis auf verschiedene Weise angehen kann. Wir haben immer nur das Nötigste dabei, sodass unser Camp nach knapp fünfzehn Minuten steht – Zelt aufgebaut, Tische und Stühle, Bier in der Hand ... Für uns ist das der wahre Luxus. Die Beschränkung auf genau das Richtige, das Wesentliche. Und für uns gehört eben eine kleine private Luxusdusche auch mal zu diesen wesentlichen Dingen. Wir konnten uns gar nicht vorstellen, dass andere das anders sehen – bis zu jenem Tag im Februar.

Wir waren an diesem Sommernachmittag gerade von einer Rundfahrt durch den Babwata-Park zurückgekehrt und dabei, das Abendessen vorzubereiten, als ein Auto auf den zweiten Private Campspot fuhr, circa fünfzig Meter

---

5 Zu Reisebussen umgebaute Lkws oder Unimogs. Sie führen meist einfache Campingausrüstungen mit und bieten viel Erlebnis für wenig Geld – allerdings auch wenig Komfort.

von uns entfernt. Oder besser: nicht fuhr. Denn der Fahrer und seine Frau stiegen aus, warfen kritische Blicke auf die wenigen, normalerweise hochwillkommenen Schattenbäume und begannen, mit ausgestreckten Armen das ganze Areal abzuschreiten. Es sah merkwürdig aus. Eine Mischung zwischen Aerobic-Klasse und Prozession.

„Du", sagte ich zu Kurt. „Die messen das aus. Die wollen wissen, ob ihre Sachen hinpassen, bzw. wo sie am besten stehen."

„Das ist doch Quatsch", brummte der. „Die haben kein Dachzelt – also ist auch egal, ob das Auto ganz eben steht. Und das Zelt, das aus dem kleinen Hänger da rauskommt, das kann man ja wohl überall aufbauen."

Na, da hatten wir uns aber getäuscht. Denn als das Abschreiten etwa zehn Minuten später erledigt war, erlebten wir unser blaues Wunder. Er stieg wieder ein, setzte Auto und Hänger rückwärts an die von beiden vorbestimmte Stelle, entkoppelte und fuhr den Geländewagen zur Seite. Dann öffneten sie den Verschluss am Hänger.

Wir hatten es uns mittlerweile auf unseren Campingstühlen mit einem Bierchen bequem gemacht und beobachteten gespannt die ganze Aktion. Und das lohnte sich: Als der Hänger entriegelt war, entfaltete sich nach und nach eine Konstruktion mit Hauptzelt, mindestens zwei Meter fünfzig hoch, dazu ein Vorzelt und ein Kochzelt. Ein Ensemble, in dem ein saudischer Prinz seine zahlreichen Ehefrauen hätte unterbringen können.

Täuschten wir uns, oder sahen wir aus der Ferne Triumph in den Augen der Ehefrau, als sie entschlossen den Campingstuhl unter die ebenfalls entfaltete Veranda stellte und einen mitleidigen Blick auf unseren Platz warf? Aus ihrer Sicht war das Mitleid verständlich. Unser geliebtes Dachzelt hatte eine Breite von hundertzwanzig und eine Länge von hundertneunzig Zentimetern. Es klappte hydraulisch auf und ruhte dann wie ein auf der Seite liegendes Tortenstück auf unserem Autodach. Weder vom Anblick noch vom Platzangebot konnte es mit dem Sultanspalast aus Zeltbahn vor uns mithalten.

„Warte ab, bis die abbauen", flüsterte ich Kurt tröstend zu. „Dann sehen wir mal, wie lange die brauchen, um diese ganzen Stoffbahnen da wieder ordentlich reinzufalten. In der Zeit haben wir schon drei Löwen gesehen und eine Elefantenherde."

Aber so lange mussten wir gar nicht warten – der Höhepunkt kam schneller als erwartet. Denn als das Zelt stand, da waren unsere Nachbarn noch lange nicht fertig.

„Was machen die denn jetzt da?" Es wurde schon dämmrig. „Bauen die da noch was auf?"

Neben mir gluckste es.

„Die stellen eine Campingdusche auf. So ein Minizelt, wie das, was die Omas früher zum Umziehen hatten am Strand. Da kannst du oben 'nen Schlauch reinhalten und dann duschen, ohne dass dir jemand zuguckt."

Ich sah ihn verständnislos an.

„Aber die haben doch eine Private Shower, so wie wir. Die Schönste im ganzen Caprivi. Geräumig und mit warmem Wasser. Was wollen die denn mit 'ner ollen Campingdusche?"

Kurt lachte mittlerweile aus vollem Herzen.

„Ausprobieren wollen die die. Guck doch, nichts von dem, was die hier haben, ist je benutzt worden. Das Zelt ist ohne einen Schmutzfleck und hat noch diese scharfen Knicke. Die waren im Outdoorgeschäft und haben richtig zugeschlagen. Ich sag dir, da hatte ein Verkäufer bei Cymot einen guten Tag. Die Provision möchte ich sehen."

Ungläubig verfolgten wir über die nächsten Minuten,

wie sie sich in das Duschzelt zwängte und er ihr von draußen brav alles anreichte, was sie nach und nach verlangte – Duschgel, Shampoo, Schwamm ... War ja kein Platz in dem Ding, um irgendetwas hinzustellen. Außerdem musste er ja den Schlauch halten.

Nachdem die Seiten gewechselt worden waren und auch er das neue Spielzeug ausprobiert hatte, gingen sie ans Feuermachen. Auch das hatten sie offenbar noch nicht oft getan. Der Mann an meiner Seite sprang auf. „Ich geh da jetzt hin und zeig ihm, wie es geht."

„Machst du nicht", zog ich ihn wieder auf seinen Stuhl.

„Du kannst den Oakie doch vor seiner Frau nicht so bloßstellen, dass er kein Feuer ankriegt. Wie peinlich ist das denn. Der erschießt dich heute Nacht aus Rache, wart nur ab."

„Soll er mal versuchen", brummelte er, blieb aber sitzen.

Wir sind dann ins Bett gegangen, aber ich glaube, das Feuer brannte irgendwann. Es roch nach Essen von nebenan.

Am nächsten Tag strafte uns der Himmel dann für unsere Überheblichkeit. Als wir aufwachten, schüttete es wie aus Kübeln. Wir blieben noch gemütlich liegen in unserem Tortenstückchen – aber irgendwann war klar, dass das heute einer der wenigen namibischen Regentage werden würde. Da waren nun die Nachbarn mit ihrem Luxusdomizil klar im Vorteil. Wir sahen, wie sie triumphierend unter dem großen Vordach frühstückten und dann dort gemütlich ein Buch lasen. Uns blieb nichts anderes übrig, als in die Lodge zu gehen und dort im Aufenthaltsraum zu sitzen. Bei so einem Wetter das Zelt einzupacken, ist das Schlimmste, was dir auf Tour passieren kann. Das vermeidet man, wenn man kann. Also musste das Zelt offen bleiben – und das hieß, wir konnten auch nicht wegfahren. Unsere Nachbarn hätten fahren können, sie hatten ein separates Zelt, nicht auf dem Dach. Taten sie aber nicht, oder besser: sie fuhren im Morgengrauen des folgenden Tages, als wir noch schliefen. So konnten wir gar nicht beobachten, wie lange es dauerte, das Luxuszelt zusammenzupacken. Wie schade.

Alcohol kills

Warum die Geschichte von Sandra und Erwin kein Einzelfall ist. Und: Was macht Namibia gegen sein Suchtproblem?

„Alkohol ist der Sanitäter in der Not, Alkohol ist dein Fallschirm und dein Rettungsboot“, sang Herbert Grönemeyer 1984. Damals haben wir laut und grölend mitgesungen und es genossen. Aber seit ich in Namibia lebe, kann ich den Song nicht mehr unbeschwert hören.

Meine Kollegin Sandra ist der Liebe wegen aus Deutschland nach Namibia gezogen. Sie hatte in München einen jungen Namibier getroffen, der dort für ein paar Monate in einem Biergarten arbeitete.

Das machen viele junge Leute aus Windhoek und Swakopmund. Wenn sie mit der Schule fertig sind, gehen sie in die Heimat ihrer Eltern und arbeiten auf Campingplätzen oder in Biergärten. Besonders im Raum München scheint sich herumgesprochen zu haben, dass die jungen Namibier hervorragende Arbeiter sind. Sie haben als Deutschstämmige einen deutschen Pass und damit die Arbeitsgenehmigung. Sie finden den Stundenlohn begeisternd, obwohl er unter dem geforderten Mindestlohn liegt, sprechen mehrere Sprachen, sind in der Regel fit, finden körperliche Arbeit normal und vor allem: Sie erledigen, ohne zu murren, was ihnen gesagt wird. Was für ein Vorteil gegenüber vielen deutschen Jungs, die die meiste Zeit diskutieren wollen, ob etwas wirklich nötig ist. Ich glaube, angefangen hat das alles mit einem ausgewanderten Namibier, der einen großen Campingplatz bei München gemanagt hat. Der hat immer die Kinder seiner Freunde als Sommerarbeitskräfte geholt. Und von da hat sich ihr guter Ruf ausgebreitet über die anderen Campingplätze und Biergärten Bayerns. Freunde von uns waren bei der ersten Welle in den 80er Jahren dabei. Sie haben ein Jahr auf dem Platz gearbeitet – alles gemacht, von Würstchenverkauf bis Kloputzen – und nichts ausgegeben. Bis heute erzählen sie, dass sie in der ganzen Zeit nur einmal in der Münchener Innenstadt waren. Es war ihnen zu teuer. Sie haben eisern gespart und sind dann mit diesem Geld acht Monate durch Amerika gereist.

Sandra hatte Erwin im Sommer vor zehn Jahren im Biergarten kennengelernt. Sie verliebte sich schnell in den muskulösen Sonnyboy – selbst seinen altmodischen Namen fand sie süß. Als er zurückging, um nach der Auszeit im Biergarten auf der Familienfarm mitzuarbeiten, war auf beiden Seiten der Frust groß. Sie vermissten sich. Erwin hatte es genossen, mit jemandem zusammen zu sein, den er nicht seit dem Kindergarten kannte. Die Farmkinder waren ja isoliert aufgewachsen und dann später im Schülerheim in Windhoek gewesen. In Namibia kannte er alle Mädchen in seinem Alter – oder zumindest kam es ihm so vor. Sandra aber war neu, frisch, reizvoll. Sie redete so schnell, dass er sich anfangs Mühe geben musste, mitzukommen. Aber nach ein paar Wochen im Biergarten ging das besser. Und sie lachte immerzu. Das genoss er am meisten. Erwin war schwer verliebt. Sandra ging es nicht viel anders. Dieser große, ruhige, etwas linkische Namibier hatte es ihr angetan. Er sah so deutsch aus wie – ja wie keiner in ihrer eigenen Familie – groß, blond, blauäugig, wie aus einem Film. Und dabei war er herrlich exotisch – von den afrikaansen Worten, die ihm immer wieder in seine deutschen Sätze gerieten, über die Erzählungen von Abenden im Busch am Lagerfeuer, während die Sonne blutrot unterging und die Insekten zirpten. Sandra war fasziniert und vermisste Erwin schrecklich, als er zurückging.

Ein paar Monate später folgte Sandra Erwin auf die Farm seiner Eltern und heiratete ihn. Sonst hätte sie auch gar nicht in Namibia bleiben können. Ein halbes Jahr nach der Hochzeit kam das erste Kind, im Folgejahr das zweite. Als dann langsam der Alltag einkehrte, merkte sie, was ihr in der Begeisterung des Kennenlernens, bei all den romantischen Sundownern und Safaris bisher entgangen war: Erwin war Alkoholiker. Das war vor neun Jahren. Nun sitzt sie vor mir: müde, verzweifelt, ratlos.

„Warum bist du geblieben?", frage ich sie.

„Na ja", sagt sie. „Es war auch schön. Sehr sogar. Wenn wir abends vor unserem Haus gesessen und in den Sternenhimmel gesehen haben, dann konnte ich mir keinen schöneren Platz auf der Welt vorstellen." Sie seufzt.

„Ich habe lange Zeit überlegt, ob ich mich daran gewöhnen muss. Trinken gehört hier eben einfach dazu." Sie schaut mich an: „Du weißt doch wie es samstagmittags beim Superspar Bottlestore aussieht."

Ich weiß genau, wovon sie redet. Alkohol ist ein solches Problem in Namibia, dass der Verkauf am Samstag nur bis 13 Uhr erlaubt ist. Danach ist Schluss bis Montag früh. Die Bottlestores schließen, in den Supermärkten werden die Wein- und Spirituosenregale verriegelt und verschlossen, auf Tankstellen dasselbe. Restaurants und Bars dürfen auch am Wochenende Alkohol ausschenken, aber kaufen und mit nach Hause nehmen – damit ist es Samstagmittag vorbei.

Ich denke, man will die Familien und vor allem die Jugendlichen davor schützen, sich am Wochenende sinnlos zu besaufen. Aber das funktioniert nicht. Sie gehen jetzt eben früher einkaufen. Wenn man am Samstag zwischen 12 und 13 Uhr vor dem Bottlestore parkt, dann sieht man Männer in jedem Arm vier Flaschen Brandy vor dem Bauch balancieren. Die machen keine Party – das ist die Ration fürs Wochenende für die Familie. Die Männer trinken Brandy Coke, die Frauen Cider, Weißwein oder Shooter – Mischgetränke mit hochprozentigen Spirituosen.

Schon zu den Partys, die unsere Jungen veranstalten, würden die Freunde normalerweise flaschenweise Sprit mitbringen. Wir haben allerdings die Devise ausgegeben: nur Bier und Cider – nichts mit mehr als fünf Prozent. Glücklicherweise wird das ohne weiteres akzeptiert. Selbst mit dieser Beschränkung auf „soften Alkohol" haben wir irgendwann ab Mitternacht Jugendliche, die auf dem Rasen ihren Rausch ausschlafen. Ich kann mir gar nicht vorstellen, wie das aussieht, wenn sie – wie Thomas und Sven von anderen Feten berichten – Wassergläser voll Wodka trinken.

Sandra ist eine Woche lang bei uns geblieben und dann nach Deutschland zurückgeflogen. Da konnte sie mit den Kindern erst mal bei ihren Eltern einziehen und von da weitersehen, einen Job suchen, eine eigene Wohnung. Das soziale Netz in Deutschland sorgt wenigstens für eine finanzielle Minimalabsicherung und den Rest übernahmen die Eltern.

Die Kinder waren zuerst verzweifelt. Ihre Freunde sollten sie zurücklassen, ihren Hund, ihr Land – das einzige, das sie kannten – und ihren Papa. Der doch zu ihnen meistens ganz zauberhaft gewesen war.

Aber wenn Sandra mir heute schreibt, höre ich, dass die Kinder sich mittlerweile gut in Deutschland eingelebt haben. Die Eltern leben in Bayern in einem kleinen Ort, so, dass sie weiterhin von schöner Natur umgeben sind. Wenn sie aufwachen, sehen sie statt Kudus im Busch jetzt Kühe auf Wiesen. Besonders berührt hat mich, was Sandra mir von ihrem Kleinsten, dem Maxi, erzählt hat. Er war ja erst sieben, als sie nach Deutschland gingen. Sie hat ihn nach ein paar Wochen vorsichtig gefragt, wie ihm das Leben in Deutschland gefalle, und seine Antwort war: „Mama, das ist schön hier. Anders als in Namibia. Aber ich fühle mich so schön sicher. Man kann immer die Türen auflassen. Man muss gar nicht ‚wake up' sein. Das finde ich toll. Wenn Papa jetzt noch hier wäre, wäre es perfekt."

Sandras Geschichte ist kein Einzelfall. Alkoholmissbrauch und häusliche Gewalt sind eines der großen sozialen Probleme in Namibia – in allen ethnischen Gruppen.

Statistiken zeigen, dass 56 Prozent der namibischen Erwachsenen pro Woche mehr als 30 Biere trinken, davon 26 Prozent mehr als 78 Biere pro Woche. Mit anderen Worten: Fast ein Drittel trinkt mehr als 10 Biere pro Tag! 40 Prozent gaben zu, morgens unbedingt einen Drink zu brauchen, 37 Prozent fühlen sich nicht in der Lage, mit dem Trinken aufzuhören – obwohl sie es wollen.[1]

Auch in Deutschland gab es eine Zeit, in der das Trinken – wie das Rauchen – sozusagen ganztägig gesellschaftsfähig war. Wenn ich heute Filme aus den 50er und

---

1 nach René A. Adams,Programme Manager: Substance Abuse, Prevention, Drug Control and Treatment Ministry of Health and Social Services, WINDHOEK NAMIBIA, NAMIBIA MOHSS STRATEGY FOR ALCOHOL CONTROL

60er Jahren sehe, die alten Edgar-Wallace-Filme zum Beispiel, dann fällt mir jedes Mal auf, dass ständig Hochprozentiges getrunken wird. Jemand betritt ein Büro oder ein Wohnzimmer und geht wie selbstverständlich zur Bar, wo er oder sie sich einen ordentlichen dreifachen Whiskey oder Cognac einschenkt. Und das morgens, mittags und abends. Da Filme ja Abbilder der Gesellschaft vermitteln, frage ich mich, ob die Erwachsenen – ich war ja damals noch ein Kind – in den 60ern immer ein bisschen beschwipst waren. Vielleicht ist es keinem aufgefallen, weil es allen so ging?

So ist es wahrscheinlich auch in Namibia. Hier hat man ja in vielen Aspekten des gesellschaftlichen Lebens das Gefühl, eine Zeitreise in die Vergangenheit zu machen: Erziehungs- und Bildungsideale ähneln denen der 60er Jahre in Deutschland, Vornamen sind immer mindestens eine Generation aus der Mode. Welcher Fünfunddreißigjährige heißt denn in Deutschland noch Erwin? Welcher Teenager Richard? Hier ist das üblich. Und auch der sorglose, verantwortungslose Umgang mit Alkohol gehört vielleicht in diese „60er Jahre-Gesellschaft".

Oder es ist der Rest der Wild-West oder Wagenburg-Mentalität? Sie fühlen sich alle immer noch als Kämpfer an der Front. John Wayne hatte schließlich auch immer eine Whiskeyflasche an den Lippen. Wir erinnern uns alle an das häufigste Motiv der Westernfilme: Wie der Held den Korken mit den Zähnen aus der Flasche zieht, ihn wegspuckt, denn er wird ihn nicht mehr brauchen, und ein paar tiefe Schlucke nimmt. Ich denke, Erwin und viele andere würden sagen: „Siehst du. Deren Frauen haben nicht gemeckert."

Recht hat er. John Waynes Frau hätte wohl nicht gemeckert – und vermutlich auch viele Namibierinnen nicht. Ich denke, viele hier finden es normal, dass der Kerl abends und am Wochenende vor sich hin trinkt. So lange er arbeitet, Geld verdient und sie nicht schlägt, gibt es keinen Grund zur Klage. Pech für die, die sich deutsche Mädchen „importiert“ haben.

Die Kinder in Namibia wachsen auf mit diesem Problem. Ich habe auf Partys miterlebt, wie selbstverständlich drei Teenager mit anfassten und ihrer Mutter halfen, den auf dem Boden sturzbetrunken zusammengesunkenen Vater zum Schlafen ins Bett zu tragen. Mir war das peinlich, ihnen offenbar nicht. Sie kannten das und dachten sich nicht viel dabei. Das gehört zu den Dingen, die „eben so sind“ – wie das Wetter oder die Tatsache, dass man immer aufpassen muss. Natürlich sieht man nicht, was hinter den verschlossenen Türen passiert. Ein Freund von Sven erzählte einmal, dass er so froh sei, dass es Handys gebe. „Stell dir vor“, sagte er, „meine Freunde würden zuhause anrufen und mein Vater würde ans Telefon gehen. Das wäre ja peinlich ohne Ende.“

Er liebt seinen Vater, und der ist ein ganz netter Mann, wenn ich ihn sehe. Dr. Jekyll und Mr. Hyde haben viele Brüder in Namibia.

Regen statt Regierungskrise

Warum Regen nicht einfach nur Regen ist. Und: Wie lange ist das Nass ein Grund zur Freude?

Der deutschstämmige Namibier ist ein passionierter Zeitungsleser. Er versucht, jeden Tag die Tageszeitung von vorne nach hinten durchzulesen – und meistens gelingt es ihm auch. Du setzt dich zum Beispiel an die Kaffeetheke bei Woermann & Brock oder in die Kaffeebar bei Spar, bestellst einen Kaffee und zwei halbe Brötchen – und dann geht es los. Wenn du fleißig liest und dich nicht zu sehr davon ablenken lässt, dass Jan, Piet und Kobus vorbeikommen und „Guten Morgen" sagen und von den neuesten Problemen auf der Farm erzählen oder von dem Ärger mit dem Garden Boy oder dem Trouble mit der Reisegruppe, die sie in den letzten zwei Wochen geführt haben, wenn du also einigermaßen konzentriert bist, dann kannst du die Windhoeker Allgemeine Zeitung von der ersten bis zur letzten Zeile durchlesen, bevor die zweite Tasse Kaffee leer ist und die Brötchen gegessen sind. Sie hat ja nur acht Seiten – manchmal auch zwölf am Wochenende, aber davon reden wir jetzt gar nicht.

Die größte Tugend der AZ ist, dass sie sich mit dem befasst, was dem Namibier wichtig ist. Wen interessiert schon, ob wieder ein europäischer Regierungschef in Schwierigkeiten ist oder wie der jüngste Krieg im Nahen Osten steht? All dies findet sich zusammengedrängt auf der letzten Seite des Blattes. Eine Seite von acht für die Weltpolitik. Nein, für das Weltgeschehen: Auf derselben Seite müssen ja auch noch die Nachrichten untergebracht werden, wie es zum Beispiel Angelina Jolie und Brad Pitt im Bemühen um ihr neuestes Adoptivkind geht. Die Weltwirtschaft schafft es manchmal, weiter vorne bei den Finanzen einen Platz zu ergattern, aber sicher ist das nicht.

Auf der ersten Seite dagegen findet der Leser das, was ihn wirklich interessiert. In der Jahreszeit von November bis April ist das vor allem eins: der Regenbericht. Ob es geregnet hat – in Grootfontein, in Otjiwarongo, in Windhoek oder in Mariental. Wann es auf welcher Farm wie viel geregnet hat, wie viele Millimeter Niederschlag Farmer Piet Pompies hatte und wie viel sein Nachbar – das sind die Nachrichten, die die Menschen bewegen. Die Anklage gegen einen italienischen Ministerpräsidenten und die drohende Eurokrise, das wird hier alles zum Teil der bunten Unterhaltung.

„Habt ihr schon Regen gehabt?" Diese Frage bestimmt den Rhythmus fast jeder Unterhaltung im namibischen Sommer, der hier die Regenzeit ist – wenn der Regen denn kommt. Auch wenn wir am Tag nach einem kräftigen Guss Freunde beim Einkaufen treffen, ist die Standardfrage „Und, habt ihr Regen gehabt?" „Aber das wisst ihr doch", würde der deutsche Neuling denken. „Ihr wohnt ja auch in Windhoek." Aber so funktioniert das namibische Wetter nicht: Hier regnet es nicht großflächig, ziehen Regenfronten nicht kilometerlang übers Land. Nein, in Namibia hast du das Gefühl, dass genau über dir eine Wolke den Verschluss nach unten aufmacht und alles runterlässt, was sie hat. Ergebnis: Es kann sein, dass es bei uns am Nachmittag sintflutartig schüttet, und zwei Kilometer weiter im Hidas Einkaufszentrum ist alles trocken. Deswegen gucken wir auch immer sofort nach, wie viele Millimeter im Regenmesser in unserem Garten dazugekommen sind. Sonst können wir ja am nächsten Tag bei Spar gar nicht damit angeben.

„Habt ihr auch Regen gehabt gestern? Wir hatten fast dreißig Millimeter. Echt, gar nichts bei euch? Ist ja schade, bei uns waren es in diesem Jahr schon fast zweihundertfünfundachtzig Millimeter." So geht der Standarddialog. Ein wichtiges Gerät, so ein Regenmesser. Die Kinder lernen in der Schule, wie er funktioniert – und wie man einen baut. Das trichterförmige Plastikgebilde fängt das kostbare Nass zuverlässig auf und zeigt den Zuwachs auf einer Skala an. Natürlich muss man immer sofort ablesen, nachdem es geregnet hat, denn trotz des nach Innen gewölbten Randes würde ja sonst viel verdunsten in der namibischen Sommerhitze. Kurt führt deshalb ein gewissenhaftes Regenbuch, in dem jeder Tropfen eingetragen und addiert wird.

Was für uns beim Gespräch mit den Freunden ein Spaß ist, ist für viele Farmer bitterer Ernst. Denn es kann sein, dass Farmer Schmidt schönen Regen gehabt hat gestern, sein Damm ist halb voll, das Grün beginnt schon zu sprießen und die Tiere freuen sich. Nachbar Coetzee dagegen, der hatte nichts, gar nichts. Bei dem ist das Reservoir immer noch leer, die Weiden trocken, die Tiere am Ende.

Manchmal hat man Angst, der Regenmesser könnte noch während des Gewitters überfließen, so heftig gießt es. Ja, wenn der Himmel die Schleusen richtig öffnet, dann hat dies trockene Land seine eigene kleine Sintflut. Dann fließen innerhalb von Minutenbruchteilen Bäche die Treppen unseres Hanggrundstückes herunter. Die Straße vor dem Haus wird an beiden Seiten von reißenden Bachläufen begrenzt und man kann kaum die Mauer des Grundstücks sehen. Spannend ist dann vor allem, wie großflächig der Regen gefallen ist. Wenn es nur bei uns lokal so geregnet hat, ist der Spuk in der Regel nach einer halben Stunde vorbei. Die Sonne kommt wieder raus, alles dampft ein bisschen, und wir freuen uns einfach, dass wir heute und morgen den Garten nicht wässern müssen.

Wenn wir aber doch mal eine große Regenfront haben, die auch in den Auas-Bergen heftig abregnet, fließen die Riviere, die den Avisdamm speisen, und plötzlich gibt es keine Straße mehr von uns in die Stadt. Die führt dann durch einen reißenden Strom von über einem Meter Tiefe. Da ist kein Durchkommen, so lange es dauert. Auch nicht mit dem Allradantrieb.

Namibia kennt – außer im Caprivi – keine Flüsse, die das ganze Jahr fließen, sondern nur die sogenannten Riviere. Das sind Flussbetten, die die meiste Zeit des Jahres trocken liegen. Als breite Sandflächen, durchaus von vereinzelten Büschen und Bäumen durchsetzt. Aber in der Regenzeit können sie sich durch starke Niederschläge an ihrem Oberlauf plötzlich mit Wasser füllen und zu reißenden Strömen werden. Das nennt der Namibier „das Rivier ist abgekommen“. Schon mancher unbedarfte Tourist hat in den Regenmonaten erlebt, dass er die anvisierte Lodge leider an diesem Tag nicht erreichen konnte, weil seine Pad von einem Rivier gekreuzt wurde, das „abgekommen“ war und nun als reißender Fluss seinen Weg versperrte.

Wenn das Michaelisrivier, das den Avisdamm speist, abkommt, wird unser Stadtteil Avis zu einer Insel. Wenn es morgens früh passiert, geht das noch – dann fahren wir eben alle nicht zur Schule und zur Arbeit. Geht ja nicht. Wenn es aber tagsüber zu laufen beginnt, und wir z. B. in der Stadt waren, gibt es plötzlich keinen Weg zurück. Dann kann man auf der einen „Uferseite" stehen und warten, ob es nicht doch langsam besser wird. Oder man muss anfangen, Freunde anzurufen, die in anderen Stadtteilen wohnen und fragen, ob man da übernachten kann. Hoffentlich ist bei den Nachbarn in Avis jemand zuhause geblieben, der rübergeht und den Hund und die Katze füttert. Unser Hausmädchen Naomi hat schon einige Male bei uns übernachtet, weil sie einfach nicht zum Bus nach Katutura kam.

Für die Kinder ist das abkommende Rivier ein besonderer Spaß, denn der Damm ist ja voller Fische. Wenn er überfließt und die Schleusen geöffnet werden, fließt natürlich nicht nur das Wasser ins Rivier, sondern auch die Karpfen und was sich sonst noch alles im Stausee tummelt. Aber das Flussbett führt in kein rettendes Gewässer, sondern versickert irgendwo im namibischen Sand. So versucht jeder, so viele Fische zu fangen, wie er nur erwischen kann. In Katutura ist an solch einem Tag „Fischtag", da werden riesige Plastiktüten und -eimer voller zappelnder Karpfen nach Hause geschleppt. Und doch verenden viele Fische im Gestrüpp der ausgerissenen Büsche und Sträucher, die so ein abkommendes Rivier zwangsläufig mit sich trägt.

Nachdem ich nach Namibia gezogen war, regnete es übrigens so viel, wie seit Jahrzehnten nicht mehr. Ich erhielt schnell den Spitznamen Kalunga Ombura, das bedeutet „Regengöttin", denn wohin ich auch kam – es regnete. Ich denke, das habe ich aus Deutschland mitgebracht, da hat es schließlich auch immer geschüttet. Ob ich auch am deutschen Wetter schuld war?

Hier in Namibia ist es schon extrem auffallend: Wir haben im Februar eine Reise durch den namibischen Süden gemacht – da hat der seine sparsamen jährlichen Regenfälle normalerweise bereits hinter sich. Allerdings nicht in dem Jahr, in dem ich kam: Ob in der Kalahari, in Keetmannshoop oder in Klein Aus – wohin ich kam – es regnete. Die Farmer und Lodgebesitzer waren natürlich begeistert. Ich glaube, ich hätte ohne weiteres einen Deal aushandeln können, jedes Jahr für mehrere Wochen zu kommen, bei freier Kost und Logis.

Für das Reisen war der Regen nicht ganz so ideal. Aber ich verdanke ihm auch einige besondere Reiseeindrücke. So standen wir z. B. im Löwenrivier unweit des Nautedamms, als Kurt plötzlich einen prüfenden Blick Richtung Osten warf und sagte: „Ich glaube, wir sollten jetzt zum Auto zurückgehen. Nee, ich glaube, wir sollten rennen!" Das taten wir und blickten wenig später von einer sicheren Stelle unterhalb der Dammmauer auf das geöffnete Schleusentor, aus dem sich ein röhrender, tosender Wasserfall in das Rivier ergoss, in dem wir eben noch gestanden hatten. „Das hätte böse enden können", dachte ich. „Dass da nicht mehr passiert, ist unglaublich." Zwar gibt es jedes Jahr wieder Unfälle in den Rivieren, doch ist die Anzahl eher klein, wenn man bedenkt, wie unerwartet und plötzlich hier die Gefahr heranstürzt.

Auf der Rückfahrt aus dem Süden hatte ich dann das besondere Erlebnis, durch eine Namib-Naukluft-Halbwüste zu fahren, die zart begrünt war. Über Stunden gab mir der Blick aus dem Wagenfenster das unwirkliche Gefühl, von Namibia nach Irland versetzt worden zu sein, so satt und nordeuropäisch üppig wirkten die grünen Hügel. Das Phänomen, dass in der Wüste nach einem Sturzregen wie von Zauberhand plötzlich alles blüht, wird ja in fast jedem

Namibiafilm beschrieben. Die Verblüffung, wenn man es dann selbst erlebt, lässt sich allerdings kaum beschreiben. Ich muss zugegeben, dass ich auf unserer Fahrt manchmal regelrecht irritiert war: Man hat doch ein inneres Bild, wie die Dünen des Sossusvlei auszusehen haben – eine majestätische rote Mondlandschaft. Und nun mit einem grünen Schleier?

Wenn die Regengöttin in einigen Jahren reichlich Regen ausschüttet, bringt das allerdings auch eine Vielzahl von ernsten Problemen: Die Provinzen im Norden saufen schlicht gesagt ab. „Efundja" heißt es, wenn Okavango und Sambesi über die Ufer treten und das Wasser auf bereits gesättigten Böden nicht mehr versickern kann. Dann stehen Flächen von der Größe eines deutschen Bundeslandes komplett unter Wasser.

Und die Menschen? Immerhin sind dies die bevölkerungsreichsten, am dichtesten besiedelten Gebiete Namibias. Mehr als die Hälfte der rund 2,2 Millionen Namibier leben hier. Mensch und Vieh müssen die Dörfer verlassen und in Notunterkünften Schutz suchen, die hastig auf höher gelegenen Stellen errichtet werden. 2011 dauerte es Monate, bis das Wasser abfloss. Es stand noch im August auf den Marschwiesen um die großen Flüsse – die Katastrophe schien vorprogrammiert. Aber dann kam eine relativ niederschlagsarme Regenzeit. Glück für den Norden. Die Lage stabilisierte sich.

In diesem Jahr, in dem ich in Deutschland aus dem Fenster schaue und diese Zeilen schreibe, hat es noch gar nicht geregnet in Namibia. Der Avisdamm ist trocken, statt Überflutung droht dem Land die Dürre. Es scheint was dran zu sein an meinem Namen Kalunga Ombura, Regengöttin. Vielleicht wird es Zeit, zurückzukehren.

Treffpunkt Superspar

Worum es beim Einkaufen in erster Linie geht. Und: Wo versorgen sich die Menschen in Katutura?

Einkaufen ist ein Erlebnis in Windhoek. „Wirklich?", werden Sie fragen. „Wir hätten gar nicht gedacht, dass Windhoek so eine tolle Shopping-Szene hat. Die Stadt ist doch eher klein."

Das stimmt. Windhoek hat nicht mehr Einwohner als eine mittlere deutsche Stadt, sagen wir Bielefeld, und unter diesen Einwohnern gibt es viele Arme, die in Katutura und in den sogenannten Informal Settlements wohnen. Ihr fehlendes Potential wird allerdings aufgefangen von den Touristen, die meist in Windhoek den ersten und den letzten Tag ihrer Reise verbringen und noch mal ordentlich shoppen gehen. Dafür können sie zwischen zwei großen Malls wählen, der Post Street Mall mit Wernhill Park in der Innenstadt und der Maerua Mall, die an der Kreuzung von Robert Mugabe Avenue und Jan Jonker Street liegt; eine weitere große Mall ist im Bau. Diese Einkaufszentren sind fürs Shoppen und Einkaufen praktisch, denn man bekommt alles: Von Outdoor-Artikeln für die Safari bis zu modischer Kleidung und Haushaltsartikeln. Aber man wird auch nicht durch ein Überangebot verwirrt und aufgehalten. Es gibt für alles zwei Geschäfte, man geht rein, schaut sich um und kann sich dann relativ schnell entscheiden. Das lästige Abwägen zwischen gefühlten hundert vergleichbaren Angeboten wie in deutschen Großstädten entfällt. Das macht das Leben leichter.

Mein Lieblingsbeispiel ist das Thema „Wohnen, Einrichten, Dekoration". Wollte ich in Deutschland ein paar günstige Kerzen oder Kissen oder Badvorleger kaufen, zog es mich regelmäßig zu Ikea, wo ich dann Stunden in den riesigen Ausstellungshallen verbrachte. Nun wohne ich in einem Land ohne ein schwedisches Möbelhaus. Unvorstellbar fast! Wenn ich nun neue Kaffeebecher oder Handtücher kaufen will, heißt mein Geschäft Mr. Price. Und der ganze Laden hat nur die Größe des Kassenbereichs von Ikea – vielleicht auch etwas weniger. Da kann ich schnell eine Runde drehen, während Kurt im Café auf der anderen Seite der Mall die zweite Tasse Kaffee trinkt. Überaus praktisch und schnell und ehrlicherweise völlig ausreichend – aber ein Shopping-Erlebnis ist das nicht.

Das wahre Einkaufserlebnis bieten Windhoeks Supermärkte. Das alte deutsche Handelshaus Woermann & Brock etablierte hier bereits 1909 erste Geschäfte, später kam über Südafrika die ursprünglich niederländische Kette Spar dazu. Spar betreibt unter anderem den Superspar in der Maerua Mall. Das ist mein Lieblingssupermarkt in Windhoek. Wenn man hier durch die Tür tritt, glaubt man sich nach Europa versetzt. In langen Reihen findet das deutsche Herz hier alles, was es für ein glückliches Leben in Afrika benötigt – und vieles darüber hinaus. Ich möchte Käsekuchen backen für die Kinder? Kein Problem:

Die Käsekuchenhilfe ist Teil des vollständigen Dr. Oetker-Sortiments, das ich hier finde, ebenso wie eine Auswahl an Knorr- und Maggi-Soßen, -Suppen und -Fertigprodukten, die manch deutscher Supermarkt nicht bieten kann. Kartoffelpüree aus der Tüte gewünscht? Gerne! Möchten Sie Pfanni oder „Gut & Günstig"? Letztere hat hier den Status einer regulären Marke ohne Billig-Image.

Ergänzt wird das Angebot an abgepackter Ware durch eine deutsche Schlachterei, in der es nicht nur Leberwurst gibt, sondern auch verschiedene Sorten Sülze und natürlich das ganze übliche Sortiment an Wurstwaren. Dazu Käse, frische Salate, Knackwürste, Bockwürste, Bratwürste – und einmal im Monat frische Weißwürste! In der Fleischtheke liegen dann Klassiker wie Hackbraten und Eisbein einträchtig neben der Lammrippe, die auf keinem Burenbraai fehlen darf. Beim Fleisch wird es schon multikultureller, aber eben alles aus deutscher Schlachterhand. Die beiden schwarzen Fleischverkäuferinnen fragen mich selbstverständlich in meiner Muttersprache nach meinen Wünschen und ob's „ein bisschen mehr sein darf". Die Frau an der Brottheke reicht mir meine Tüte mit den Worten „Zwölf Brötchen, meine Dame, bitte schön". Neben den Brötchen und den Brotlaiben prangt die ganze treudeutsche Kuchenseligkeit in der Auslage: Käsekuchen, Bienenstich und manchmal auch die schon mehrfach erwähnte Schwarzwälder Kirschtorte.

Spar ist ein Erlebnis – und nicht nur wegen des unglaublichen Warenangebotes. Zentraler Treffpunkt des Marktes ist das Café: Mitten im Markt, zwischen Molkereiprodukten und Wurstwaren, kann man sich vor seinem Großeinkauf mit einem ordentlichen Frühstück zu kleinen Preisen stärken. Es gibt frische Brötchen, mit allem belegt, was die Wursttheke hergibt, aber auch Spiegeleier mit Speck,

Omeletts, Toasts, Pfannkuchen und Speisen aus der heißen Theke. Ab und zu stehen auch Spezialitäten auf der Speisekarte, wie zum Beispiel einmal im Monat Weißwürste oder jeden Mittwoch Kartoffelpuffer mit Apfelmus. Das alles zu Preisen, die ganz eindeutig so kalkuliert sind, dass der Gewinn an der Supermarktkasse entsteht, nicht im Café. Für den Preis eines einzigen Latte Macchiato in Deutschland essen wir zwei Brötchen und trinken zwei Kännchen Tee oder Kaffee. Alle wissen das, und daher ist dies einer der wichtigsten Treffpunkte von Windhoek. Hier sitzen wir nie, ohne dass Kurt vielfach grüßt und begrüßt wird und das eine oder andere Gespräch führt.

„Wusstest du schon, dass der Mark jetzt auf der xyz Lodge ist? Ja, der hatte Ärger mit dem Eigentümer an seinem alten Plek[1]. Der wollte kein Geld ausgeben für die Reparaturen und da hat Mark sich was Neues gesucht."

Oder es gibt Informationen über die Lodges von anderen Guides und Tour-Unternehmern. „Du hattest doch gesagt, du fährst nächsten Monat ins Kaokoveld – nimm mal nicht die Pad über Okatumba. Die ist völlig kaputt. Habe zweimal Reifen gewechselt und mir fast die Achse gebrochen." Was er hier neben dem morgendlichen Frühstücksbrötchen erfährt, ist mehr, als er durch Abtelefonieren der Freunde herausbekommen könnte. Straßentipps, Jobmöglichkeiten, aber auch die Nachricht, welche Freunde es nicht mehr gibt, weil sie zum Beispiel Unfällen oder Überfällen zum Opfer gefallen sind.

Hier triffst du aber vor allem auch die Bekannten, die nicht mehr in Windhoek leben. Wer sein Jahr als Manager auf einer Lodge in Namibias Süden verbringt, der kommt höchstens zwei, drei Mal im Jahr nach Windhoek. Meistens,

[1] Namibiadeutsch für "Platz" bzw. "Ort". Aus dem Afrikaansen.

wenn der Staat irgendwelche Papiere verlangt oder Sachen beschafft werden müssen, die es z. B. in Lüderitz nicht gibt. Dann geht man ja auf jeden Fall zu Spar und kauft kräftig ein. Aber vorher sitzt man im Café und begrüßt all die Freunde aus der Schule, aus der Armee, dem vorherigen Job, die man lange nicht gesehen hat.

Als ich nach Namibia zog, wurde ich hier auch allen Bekannten das erste Mal vorgestellt. „Seht her, das ist sie. Sie ist aus Deutschland hergezogen und lebt jetzt hier."

Da habe ich angefangen, mich für den Einkauf bei Spar immer schön anzuziehen. In unserem namibischen Alltag ist es völlig egal, welches T-Shirt und welche Shorts ich aus dem Schrank nehme. Weder der Computer noch das Telefon oder der Hund legen irgendeinen Wert auf besonderen Schick. Aber hier bei Spar merkst du deutlich, wie die Augen aller anwesenden Frauen hinter ihren Zeitungen hervorlugen und dich mehr oder weniger offen mustern. „Das ist also die Deutsche, die jetzt neu hergezogen ist. Sieh an ..."

So preiswert das Frühstücken im Café bei Spar auch ist, so wenig günstig ist der Einkauf. Für einen normalen Wocheneinkauf für uns lege ich immer um die sechs- bis siebenhundert Namibia-Dollar auf den Tisch, rund gerechnet etwa 60 bis 70 Euro. Ohne Getränke, denn die kaufen wir im angeschlossenen Getränkemarkt. Mehr würde ich in Deutschland auch nicht ausgeben. Wenn ich zu einem der Discounter wie Netto, Lidl oder Aldi ginge, sogar erheblich weniger. Ein Einkauf kostet also genauso viel wie in Deutschland, aber die Gehälter in Namibia sind deutlich geringer. Zwar gibt es auch hohe Einkommen bei Selbstständigen und in hohen Führungspositionen, aber der durchschnittliche Monatslohn liegt weit unter dem in Deutschland. So verdient zum Beispiel ein normaler

Angestellter umgerechnet rund 1.000 Euro, eine Geschäftsleitungssekretärin in einem großen Bauunternehmen netto rund 1.500. Da wird es dann schon knapp, die Supermarktpreise bei Spar zu bezahlen.

Alle schwarzen Gesichter, die ich hier sehe, gehören zu Menschen, die entweder Regale einräumen oder der Oberschicht angehören. Bei Spar kaufen wohlhabende Angolaner und Mozambiquenos ebenso wie Regierungsbeamte und Führungskräfte der staatlichen Unternehmen – die neue schwarze Elite. Die, die Regale einräumen und abends mit dem Shuttlebus nach Katutura fahren, können hier nicht einkaufen. Ich vermute, dass das, was ich wöchentlich in meinen Einkaufswagen lege, dem Monatslohn eines schwarzen Arbeiters entspricht. Wer 3.000 Namibia-Dollar, rund 300 Euro, verdient, muss in Katutura kaufen. Im dortigen Woermann & Brock sollen das Warenangebot und die Preise an die lokale Kaufkraft angepasst sein, habe ich gehört. Die anderen müssen eben auf den Markt gehen.

Der Markt in Katutura ist ein wimmelnder Basar und eine Touristenattraktion. Frischfleisch, Trockenfleisch und alle Ingredienzien afrikanischer Küche sind hier unter den aufgespannten Stoffdächern zu finden. Angrenzend an die offene Marktfläche haben sich kleine Gewerbe in handgezimmerten Buden niedergelassen: Änderungsschneider, Frisöre, Handy-Shops, kleine Reparaturwerkstätten, Schuster. Touristen streifen durch das Gewimmel, die Kamera in der Hand. Sie wirken einerseits froh, ein wenig von dem bunten, afrikanischen Lebensgefühl gefunden zu haben, das man sonst in Windhoeks Ordentlichkeit vermisst. Gleichzeitig sieht man ihnen die Unsicherheit an. Manche sind ängstlich, denn es sind durchaus nicht alle Gesichter freundlich. Die Marktfrauen leben gut von den Touristen, die großzügig viele Coladosen kaufen und auch für kleine Kostproben aus den gefüllten Säcken gutes Geld zahlen. Aber viele der Marktbesucher kaufen hier ein, weil ihnen die Glitzerwelt von Windhoeks zentralen Shopping-Centern aufgrund ihres geringen Einkommens verschlossen bleibt. Und nun folgen ihnen die Reichen in ihre letzte Zuflucht. Schon fast bis nach Hause werden sie von den in Jack-Wolfskin gewandeten Kameraträgern verfolgt. Dort wollen die Bilder machen von dem, was man nicht gerne zeigen möchte, wenn man seinen Stolz hat. Nein, nicht alle Gesichter sind freundlich auf dem Markt von Katutura.

Meine lustigsten Einkaufserlebnisse hatte ich in den kleinen Geschäften im Caprivi-Zipfel. In einem gemauerten Würfel untergebracht, in den nur eine vergitterte Tür Einlass gewährt, stellen diese Einzimmerläden den größten Kontrast zu den Supermärkten Windhoeks dar, den man sich vorstellen kann. Sie verkaufen, was man braucht und nicht selbst anbauen kann: Öl, Maismehl für Mieliepap, Salz, Zigaretten etc. Oft gibt es auch Bier in großen Literflaschen, allerdings nur selten gekühlt. In manchen Orten habe ich auch beides gesehen, einen solchen Tante-Emma-Laden und eine improvisierte Bar. Ein weiteres gemauertes Würfelhaus, darin nur ein paar Kisten Bier und ein Kühlschrank, der seinen Strom durch einen Generator bekommt. Davor sitzen dann die Männer auf den unglaublich praktischen Formplastik-Stühlen, die in den letzten zwanzig Jahren die Welt erobert haben, und palavern. Alles was hier geschieht, wird hier genau beredet. Die Stühle und die Bar sind sozusagen das Spar-Café des Caprivi. Aber im Unterschied zum Spar haben Frauen hier keinen Zutritt – die sind auf den Feldern und arbeiten.

Kranksein ist nicht lustig

Warum ein vergleichsweise gutes Gesundheitssystem doch viel zu wünschen übrig lässt. Und: Wie bekommt man in Namibia eine Dialyse?

Nirgendwo auf der Welt ist es ein Vergnügen, krank zu sein. Aber in Namibia ist es noch ein ganzes Stück trauriger als, sagen wir, in Bielefeld oder Hamburg. Dabei sind die Verhältnisse auf den ersten Blick gut, zumindest für Afrika. Die vom Gesundheitsministerium herausgegebene Liste der Krankenhäuser führt immerhin 367 Gesundheitseinrichtungen auf. Für eine Bevölkerung von etwas mehr als zwei Millionen Menschen eine beeindruckende Zahl. Auf rund 5.000 Einwohner käme eine sogenannte Klinik. Auf den zweiten Blick sieht die Lage nicht ganz so rosig aus: Die Definition einer „Klinik“ umfasst „Kleinkliniken“ für die Minimalversorgung der Bevölkerung und als „Großkliniken“ bezeichnete Einrichtungen, die eine Grundversorgung sichern sollen. In den Großkliniken ist immerhin eine Krankenschwester anwesend, aber kein Arzt, in den Kleinkliniken nur ein sogenannter „Gesundheitsberater“.

Krankenhäuser nach unserem Verständnis sind die 43 Einrichtungen der Klassen A bis C. Auch von ihnen sind nach der Definition des Ministeriums für Gesundheit und soziale Dienste nur die sechzehn Häuser der Klassen A und B in der Lage, auch schwerwiegendere Krankheiten zu behandeln. Achtung: In fünf der dreizehn namibischen Regionen gibt es gar kein Krankenhaus dieser Kategorien. Weder in Caprivi / Sambesi noch in Hardap, Omaheke, Omusati oder Oshikoto führt die Liste des Gesundheitsministeriums ein Krankenhaus für schwerwiegende Erkrankungen auf. Immerhin rund 465.000 Namibier leben hier, fast ein Viertel der Gesamtbevölkerung. Und die Pyramide verengt sich weiter: Die einzigen Krankenhäuser, von denen das Ministerium angibt, sie könnten 99 Prozent aller Krankheitsfälle behandeln, befinden sich in Windhoek.

Wer also in Caprivi / Sambesi ernsthaft krank wird, muss mindestens nach Rundu, in die Nachbarregion Kavango, vermutlich aber nach Windhoek. Ob er das schafft, ob er sich das leisten kann und wie weit die Versorgung geht, steht auf einem ganz anderen Blatt.

Natürlich gilt das nicht für deutsche Touristen. Für wenig Geld können sie sich bei der Organisation MedRescue versichern und werden dann im Notfall von den entlegensten Landesteilen aus mit Kleinflugzeugen nach Windhoek in die zentralen Krankenhäuser geflogen.

In Windhoek ist die allgemeine medizinische Situation gut, besonders, wenn man sich klarmacht, dass man hier in einem Drittweltland ist. Es gibt eine dichte Versorgung mit Ärzten, in erster Linie mit Allgemeinärzten, die hier ein wesentlich breiteres Spektrum abdecken als in der spezialisierten Ärztelandschaft Deutschlands. So ist der Hausarzt auch der Frauenarzt und zuständig für alle Fragen um Schwangerschaft und Geburt. Nur wer schwere Krankheiten hat oder aus Deutschland zugezogen ist, geht zum Spezialisten. Aber auch die gibt es in der Hauptstadt, vom Hautarzt bis zum Urologen, sollte der General Practicioner mal an seine Grenzen stoßen und dies auch zugeben.

Schon in Swakopmund aber sieht das ganz anders aus. Wer ein Problem hat, das nicht durch einen Blick in den Hals oder die Ohren, durch Puls- und Fiebermessen zu klären ist, muss auf den Besuch des Facharztes warten, der nur einmal die Woche aus Windhoek anreist. Und außerhalb der weihnachtlichen Hauptsaison noch seltener. Frauenleiden, Bandscheibenvorfälle etc. bekommen die Erstversorgung – und dann heißt es „auf nach Windhoek oder warten“. Wobei ja gerade bei Rückenproblemen die dreieinhalbstündige Autofahrt in einem oft hart gefederten Bakkie nicht die Empfehlung für die Ersttherapie ist. Ein weiteres Beispiel dafür, dass das Leben in Namibia nichts für Menschen mit zarter Konstitution ist.

Walter, der Sohn unserer Nachbarn, hatte vor etwas mehr als einem Jahr einen schweren Autounfall. Die Bilder von seinem Auto nach dem Unfall zeigten etwas, das aussah wie die gefalteten Metallwürfel, die die Schrottpressen produzieren. Wie er das überlebt hatte, konnten wir uns nicht vorstellen. Es schien kein Platz für einen Menschen gewesen zu sein in dieser gepressten Sardinenbüchse. Aber offenbar war er durch einen glücklichen Zufall in den Fußraum gerutscht und das hatte ihn gerettet. So zusammengedrückt hatte er nahezu jeden Knochen in seinem Körper gebrochen, aber im Windhoeker Zentralkrankenhaus, der Universitätsklinik und Vorzeigeeinrichtung des Landes, schafften sie es, ihn am Leben zu erhalten und notdürftig wieder zusammenzuflicken. Während dieser ersten Wochen war rund um die Uhr ein Familienmitglied bei ihm.

„Das ist Afrika hier“, schnaubte meine Nachbarin Melissa

verächtlich, als ich sie fragte, ob das denn wirklich nötig sei. Walter sei doch außer Lebensgefahr. „Hier kannst du dich auf nichts verlassen. Die werden nicht gucken, wenn er ruft oder auf den Knopf drückt, weil er Schmerzen hat oder Wasser braucht. Da muss er schon Glück haben, dass sich einer kümmert, und darauf verlasse ich mich nicht." Was sie nicht aussprach, aber andeutete, war, dass dem schwarzen Pflegepersonal das Wohl und Wehe so eines weißen Jüngelchen zu wenig bedeute. Aber ich glaube, mit dieser Vermutung hatte sie Unrecht. Unsere Haushälterin Naomi erzählte wenig später eine ähnliche Geschichte, als einer ihrer Verwandten ins Krankenhaus kam. Auch sie traute den Krankenschwestern nicht zu, ihren Job zuverlässig, aufmerksam und liebevoll zu erledigen. Wie meine Burennachbarin schickte auch die Hererofamilie rund um die Uhr Verwandte als Aufpasser und Pflegekräfte ins Krankenhaus.

Für die anschließende Weiterbehandlung wurde Walter dann nach Kapstadt geflogen. Südafrika ist, auch zwanzig Jahre nach der Unabhängigkeit Namibias, noch immer das wahre „Mutterland", das die meisten hochwertigen Ressourcen bereitstellt. Hier gibt es den echten Weltstandard in den Krankenhäusern – nicht erst seit Christian Barnaard hier 1967 die weltweit erste Herztransplantation im Kapstädter Grote Schuur Hospital durchführte. Wer es sich leisten kann, der lässt seinen Krebs, sein chronisches Rückenleiden in Südafrika behandeln oder dort seine Organtransplantation machen. Walter bekam in Kapstadt eine umfangreiche rekonstruierende Behandlung und Rehabilitation. Zwei Jahre nach seinem Unfall bewegt er sich noch etwas vorsichtiger als seine Altersgenossen und seine Beine und sein Rücken werden nicht mehr so werden wie vor dem Unfall – aber er ist gut wiederhergestellt. Er hat

Glück gehabt, denn meine Nachbarn waren wohlhabend und gut versichert und so konnten sie Walter auch diese aufwändige Behandlung und Rehabilitation ermöglichen.

Krankenversichert zu sein, ist nämlich in Namibia nicht der Regelfall. Dieses Phänomen gibt es zwar auch in Ländern der ersten Welt, wie z. B. den USA, aber die Folgen sind hier wie dort schwerwiegend. Es gibt in Namibia kein einheitliches Krankenversicherungssystem für alle Bürger. Durch den Staat abgesichert sind lediglich die Staatsbediensteten. Der Rest der Bevölkerung muss sich an private Anbieter wenden, die selbst nach unseren Maßstäben horrende Prämien verlangen. Für eine Vollversicherung muss ein Mann in mittleren Jahren monatlich an die 400 Euro auf den Tisch legen. Und das bei Einkommen, die im Durchschnitt um die Hälfte niedriger liegen als vergleichbare in Deutschland. Dafür bekommt er dann eine Versicherung, die keineswegs alle Leistungen einschließt, sondern Obergrenzen in den einzelnen Leistungsarten setzt. So werden zum Beispiel Operationskosten in vielen Tarifen schon bei einer Höchstsumme von 250.000 namibischen Dollar gedeckelt. Dieser Betrag entspricht etwa 25.000 Euro und ist kaum ausreichend für Operationen, die über den Standard hinausgehen. Gleichermaßen begrenzt sind die Aufwendungen für chronische Erkrankungen.

Ein prägnantes Beispiel ist das Thema Dialyse: Wer in Namibia ein Nierenversagen erleidet und auf die Dialyse angewiesen ist, sieht sich zwei verschiedenen Schwierigkeiten gegenüber. Erstens gibt es in ganz Namibia nur drei Orte, an denen eine Dialyse möglich ist – in Windhoek und neuerdings auch in Swakopmund und Walvisbay. Wer nicht dort wohnt, müsste dort hinziehen.

Können wir uns vorstellen, dass eine Bauernfamilie aus dem Kavango nach Swakopmund zieht, wo sie keine Arbeit hat, kein Einkommen, kein Haus, damit ein Familienmitglied regelmäßig zur Dialyse gehen kann? Ach ja, der Fall kann ja sowieso nicht eintreten, denn unser Kavango-Bauer ist mit Sicherheit gar nicht krankenversichert und kann daher die Dialysekosten von 16.000 bis 20.000 namibischen Dollar pro Behandlung gar nicht zahlen. Für ihn und seinesgleichen, also für geschätzte drei Viertel der namibischen Bevölkerung, ist also ein Nierenversagen ein Todesurteil. Aber auch für den Namibier aus dem Mittelstand, der fleißig monatlich seine teure Krankenversicherung zahlt, sind bei regelmäßiger Dialyse schnell die Leistungs-Obergrenzen seiner Krankenkasse erreicht. An eine Transplantation – wäre denn ein Spenderorgan vorhanden – ist ohnehin nur zu denken, wenn ein Verwandter spendet und die Operation in Windhoek durchgeführt wird. Denn auch hier ist das Limit von 25.000 Euro für eine Organverpflanzung kaum einzuhalten. Die optimale Versorgung im nur zwei Flugstunden entfernten Kapstadt können nur die bezahlen, die vermögend sind oder deren Familie entschlossen alle Mittel aufbringt für dieses eine Ziel.

Der Mann an meiner Seite hatte übrigens, als ich ihn kennenlernte, gar keine Krankenversicherung. Vermutlich wird der eine oder andere meiner Leser jetzt sagen: „Das passt ja. Bestimmt sagt er: ‚Krankenversicherung ist was für Weicheier. Ein echter Namibier kommt auch so durch!'" Fast getroffen – aber nicht ganz. Er hatte die Hälfte seines Lebens im Busch verbracht – erst als Soldat, dann als Tourguide. Von beiden Tätigkeiten kann man leben – aber reich wird man nicht davon. Vor die Wahl gestellt, einen Großteil seines verfügbaren Einkommens für eine Versicherung auszugeben, hatte er sich – wie viele seiner Landsleute – dafür entschieden, darauf zu verzichten.

Für mich, die waschechte Deutsche, war dieser Zustand unhaltbar. „Keine Krankenversicherung“ klingt in meinen Ohren fast wie „Analphabet“ oder „mittellos“. Wir haben uns dann auf einen Kompromiss geeinigt. Er hat jetzt eine Versicherung, die immer dann zahlt, wenn er ins Krankenhaus muss. Das kostet pro Monat „nur“ 1.800 Namibia-Dollar, umgerechnet 180 Euro und fängt immerhin schon mal das größte Risiko auf. „Und wenn ich nicht ins Hospital muss, dann hab ich auch nichts“, war sein abschließender Kommentar zu dem Thema. „Ich bin doch kein Weichei.“

Hilfe, da ist eine Schlange!

Wann man aufpassen muss, wenn es krabbelt, schleicht und schwirrt. Und: Wie gefährlich sind Namibias Krabbeltierchen?

Namibia ist ein Land, in dem es wimmelt von allerlei Viechzeug, das nicht nur lästig und unästhetisch ist, sondern auch ätzend oder giftig. Da gibt es zu allererst die Spinnen. Namibische Kinder lernen schon früh den Unterschied zwischen Hausspinnen, harmlosen Wesen, die andere Insekten fressen und sich durch das Vertilgen von Mücken beliebt machen, und giftigen Exemplaren, deren Biss schmerzhaft und in Einzelfällen sogar tödlich sein kann. Mit süffisantem Blick wurde mir versichert, ich müsse besonders vorsichtig sein, meine Schuhe und Kleider auf Pad immer gut ausschütteln, denn „so ein Jerry" wie ich – verweichlicht aufgewachsen und ohne Spinnenbisse durch die Kindheit gekommen – hätte sicher keine Abwehrkräfte gegen das Gift. Bestimmt müsse ich sofort ins Krankenhaus, wenn ich gebissen würde. Das wollte ich gerne glauben, besonders nachdem deutsche Freunde von mir auf dem Nachhauseweg angeblich handtellergroße, haarige Taranteln gesehen hatten, die vor ihnen über die Straße huschten. Die Familie, inklusive des baumlangen Vaters, war im Schock und kurz davor, sofort wieder nach Deutschland zurückzufahren.

Pflichtschuldig hielt ich mich an die Warnung und schüttelte immerzu alles aus. Zu meinem Kummer kann ich mir auch Spinnennamen und -eigenschaften einfach nicht merken. Ich weiß noch, wie Kurt und Thomas voller Begeisterung in der Küche standen, weil sie eine Braune Witwe gefunden und in einem Gurkenglas gefangen hatten. Die große Giftspinne hatte gemütlich in einem Busch unseres Gartens ein Netz gebaut und auf Beute gewartet. Ich konnte mir immerhin merken, dass diese Sorte mir selten gefährlich werden könne, da sie netzgebunden sei, und ich einfach nur aufpassen müsse, dass ich nicht in ihr Netz laufe. Das schien mir machbar. Für die Gartenarbeit hatte ich mir ohnehin dicke Lederhandschuhe gekauft.

Wesentlich perfider fand ich da schon die Erzählungen von den sogenannten „Haarskeerder" oder Haareschneidern. Diese Spinnenart sei angeblich nachts auf Wanderschaft und versuche, den Schlafenden Haare abzutrennen, aus denen sie sich dann ein Nest bauen. Ich muss gestehen, dass ich nicht zimperlich bin und auch in Asien schon viel mit ekligem Krabbeltier zu tun hatte, aber diese Haarabschneiderei war mir doch unheimlich.

Kurt dagegen liebt Spinnen geradezu, er ist von ihnen fasziniert und konsultiert mit Leidenschaft seine Spinnen-Lexika, wenn wieder ein ungewöhnliches Exemplar in unserem Garten auftaucht. Und weil er hier aufgewachsen ist und ein harter Buschmann, schüttelt er natürlich auch nichts aus. Das ist was für kleine, zarte Jerries wie mich ... So kam es dann wohl, dass ihn eines Tages eine Violinspinne erwischte, die sich in seinem Duschhandtuch eingerichtet hatte. Sie biss ihn unterhalb der Achsel und das Ganze wuchs sich in ein paar Tagen zu einer schmerzhaften Schwellung aus, sodass er den Arm nur noch wenig bewegen konnte. Es hätte natürlich mit Sicherheit ein Gegengift gegeben. Wir waren ja in Windhoek, nicht irgendwo im Busch. Aber was so ein richtiger Naturbursche ist, der will auch mal was aushalten – ohne Medizin. So fluchte und schimpfte er stunden- und tagelang und wartete ab, bis der Körper selbst das Gift besiegte, nur unterstützt von mehreren kräftigen Schlucken aus der Pulle. Später habe ich durch Zufall im Internet gesehen, dass etwa zehn Prozent der Bisse von Violinspinnen das Gewebe absterben und nekrotisch werden lassen. Es bleiben hässliche schwarze Flächen abgestorbenen Fleisches. Da hat der Mann ja noch mal Glück gehabt – oder sein afrikanisches Immunsystem war tatsächlich stark genug.

Die zweite Krabbelgefahr sind Skorpione. Auch das kannte ich schon aus Asien. Die kleinen Viecher kriechen gerne nachts in die Schuhe, wo es warm ist. Das führt dann zu schmerzhaften Überraschungen, wenn man den Schuh nicht ausschüttelt. Wie nicht anders zu erwarten, hat Namibia auch hier wieder einiges zu bieten: Parabutus Villosus und sein noch giftigerer Vetter, der Parabutus Transvalicus können Menschen schwere Schmerzen zufügen. Der Stich des Villosus soll für Senioren und Kinder auch schon mal tödlich wirken, kann aber gut behandelt werden, wenn er auch schmerzhaft bleibt. Der Transvalicus wird immer wieder für Todesfälle verantwortlich gemacht. Vor diesem Hintergrund konnte ich die Bargeschichten kaum glauben, die sich die namibischen Männer am Abend beim x-ten Bier erzählten. Wie einer sich einen Villosus auf den Arm setzte und dann wettete, dass er in Ruhe sein Bier trinken könne, ohne dass der ihn beißen würde ... Klingt alles doch sehr nach Hollywood für mich.

Ich habe tatsächlich auch ein paar Skorpione gesehen – in Lodges und auch bei uns zuhause im Schlafzimmer. Allerdings waren das offensichtlich noch Babys, kaum drei Zentimeter lang, während sie ausgewachsen die fünffache Länge erreichen. Vermutlich wäre auch der Biss der Winzlinge schon schmerzhaft gewesen – wir haben es nicht darauf ankommen lassen. Kurt hat sie vorsichtig aufgenommen und irgendwo im Busch in Sicherheit gebracht. Für ihn hat auch ein giftiges Tier seine Lebensberechtigung.

Weil er eben so ist, hatten auch die Puffotter-Babyschlangen, die die Regenfälle des vergangenen Sommers offenbar aus ihrem Nest in unseren Hof gespült hatten, großes Glück. In jedem anderen namibischen Hof wären sie vermutlich sofort erschlagen worden. Immerhin ist die Puffotter eine der giftigsten Schlangen in Namibia und Jahr für Jahr für Todesfälle und schwere Verletzungen verantwortlich. Da könnte man argumentieren, dass man ja den Nachwuchs nicht unbedingt schonen müsse. Das sieht der Mann an meiner Seite aber ganz anders. Diese Babyschlangen haben sich ja nicht auf uns gestürzt und auch als erwachsene Puffotter würden sie das nur tun, wenn sie in die Enge getrieben werden. „Also haben sie in diesem Ökosystem ihren Platz und ein Recht auf Leben", sagt er. Die knapp zwanzig Zentimeter langen, etwa fingerdicken Babyschlangen wurden also vorsichtig aufgehoben, in eine leere Schachtel gesetzt und dann fuhr er sie in den Busch. Weit weg von unserem Haus und meinen Spazierwegen.

Deshalb war es vermutlich auch keine dieser beiden Puffottern, aber vielleicht ihre Mutter, die ich ein paar Monate später auf meinem täglichen Spaziergang mit Sanya quer über dem Weg ausgestreckt sah. Das Leopardenmuster des Rückens war eindeutig, selbst für mich Schlangen-Banausin. Weder der Kopf noch das Schwanzende waren zu sehen, beides verschwand im Gebüsch. Aber der Durchmesser des etwa einen halben Meter langen Rückenstückes in meinem Blickfeld betrug sicher fünfzehn Zentimeter. Keine kleine Schlange. Ich pfiff sofort den Hund heran und gab das Kommando zum Umdrehen. Heute war hier kein sicheres Durchkommen für uns, wir mussten zurück und einen anderen Weg suchen, egal wie groß der Umweg sein würde.

Wenn meine Freunde mich fragen, ob ich nicht Angst habe, mit dieser Schlangengefahr bei jedem Spaziergang, dann kann ich allerdings nur lächeln. In mehr als vier Jahren hatte ich zwei Schlangenbegegnungen. Die beiden Babys, die der Regen uns in den Hof spülte, und dann diese Schlange quer über dem Weg. Ein paar Mal habe ich eine tote Puffotter auf der Straße liegen sehen. Das war alles. Sie sind da – aber sie sind keine tägliche Gefahr. Mit festen Schuhen und festem Auftreten, um die Schlangen zu warnen, ist das Risiko überschaubar.

Natürlich sollte man die Vorsichtsmaßnahmen beherzigen, die einem als neu Zugezogenen immer wieder eingeschärft werden. Im Busch, auch auf exklusiven Lodges, müssen Türen und Fenster immer geschlossen sein. Dafür gibt es in der Regel doppelte Türen mit Fliegengittern, die man vorziehen kann und die dennoch Luft durchlassen. Wer in treudeutscher Manier abends alles aufreißt und dann womöglich noch offen stehen lässt, wenn er zum Abendessen geht, riskiert sein Leben oder zumindest seine Gesundheit. Wie jene Touristin, die genau dies tat und nach dem Dinner eine Zebraschlange in ihrem Zimmer fand. Die hatte es sich da gemütlich gemacht, weil es schön warm war, während draußen in der Wüste die Temperatur

Richtung Nullpunkt fiel. Wie Zebraschlangen das tun, spuckte sie die Frau mit ihrem Gift an. Das Zellgift traf unglücklicherweise das Auge, und die Frau erblindete. Ein tragischer Vorfall, aber einer, der durch einfache Vorsicht hätte vermieden werden können. Namibia ist eben doch ein wildes Land.

Das aggressivste Tier, dem ich begegnete, war aber keine Schlange, kein Skorpion und auch keine Tarantel. Es war eine simple rote Wespe. Diese riesigen roten Insekten von circa vier bis fünf Zentimeter Körperlänge bauen ihre Nester gerne unter dem Dach unserer Lapa[1], und wir mussten sie schon öfter durch Giftspritzen etc. verscheuchen.

Vermutlich haben wir dabei die Familie der Wespe ausgerottet, die mich wenig später auf meinem Spaziergang am Avisdamm aus heiterem Himmel angriff. Sie tat genau das, von dem jeder Namibier und jedes Insektenbuch sagt, dass es nicht passiert. Alle behaupten, rote Wespen wehren sich nur, wenn du ihnen zu nahe kommst – sie greifen nicht initiativ an. Ich kann nur sagen: Diese tat es. Möglicherweise wollte sie ihre Familie rächen. Jedenfalls flog sie aus mindestens zehn Metern Entfernung direkt auf mich zu, stach mich in den Oberarm und schwirrte wieder ab. Niemand, dem ich das erzählte, konnte es glauben, aber genau so hat es sich zugetragen.

Zuerst schmerzte es nur wenig. Ein kleine Rötung, ein stechender Schmerz, der sich aber schnell milderte zu einem durchaus auszuhaltenden Brennen.

„Deine Abwehrkräfte sind doch gar nicht so schlecht", dachte ich und setzte meinen Spaziergang mit Sanya erst

[1] Ein mit Reet überdachter Außenbereich, unter dem sich oft der Grillplatz befindet. In namibischen Immobilienanzeigen wird dieser Bereich des Hauses oft treffsicher mit „Entertainment Area" umschrieben.

einmal fort, als sei nichts gewesen. Eine Stunde später zuhause hatte ich dann zwar eine starke Rötung an der Einstichstelle und einen dumpfen Schmerz – dachte mir aber noch nichts dabei. „Kühlen hilft doch immer", beschloss ich und machte es mir mit einem Buch und einem Beutel gefrorenem Mais auf dem Sofa bequem. Das Buch sollte zur Ablenkung von den Schmerzen dienen, den Beutel Tiefkühlgemüse wickelte ich mit einem Handtuch um den Arm.

Zwei Stunden später murmelte ich: „Gut, dass du schlau genug warst, Uhr und Ringe abzunehmen." Mein linker Arm war von der Schulter bis zum Handgelenk so angeschwollen, dass ich dachte, die Haut müsse jeden Moment platzen. Da halfen Hausmittel ganz offensichtlich nicht weiter, und so musste unser Hausarzt ran, der mir eine dicke Kortisonspritze in den Allerwertesten drückte und zwei Tage Ruhe empfahl. Ganz offenbar habe ich doch keine Abwehrkräfte für die namibischen Insektengifte.

Der Mann an meiner Seite sah mich nachdenklich an und brummte. „Ich muss noch besser aufpassen, wenn wir unterwegs sind. Wenn dich 'ne kleine Wespe so umwirft, dann will ich mir gar nicht vorstellen, was mit dir passiert, wenn dich ein Parabutus erwischt."

AIDS ist überall

Wo jeder Fünfte erkrankt, sitzt immer der Tod mit am Tisch. Und: Was macht die ständige Gefahr mit jungen Namibiern?

Tobias ist nicht gekommen. Das ist verwunderlich, denn er ist ein Muster an Zuverlässigkeit, unser Garden Boy. Ich habe mich nur schwer daran gewöhnt, einen erwachsenen Mann als „Boy“ zu titulieren. Aber das ist eine der Stellen, an denen das koloniale Erbe hier gnadenlos durchschlägt. Wer im Garten arbeitet, ist ein Garden Boy. Auf Englisch klingt es noch erträglich. Aber auf keinen Fall nenne ich Tobi auf Deutsch einen Gartenjungen, das geht zu weit. Von montags bis freitags ist er in der Lodge nebenan beschäftigt, als „Mädchen“ für alles. Ich sehe ihn mit dem Besen, mit der Schaufel und mit Farbeimer und -pinsel, wenn die Wand an der Auffahrt mal wieder gestrichen werden muss. Dafür bekommt er 1.000 Namibia-Dollar im Monat, umgerechnet etwa 100 Euro. Ein Hungerlohn, finde ich, selbst nach namibischen Maßstäben. Dieses Gehalt nimmt er, zahlt seine Miete in Katutura und schickt den Rest komplett ins Ovamboland zu seiner Familie. Wie bei fast allen, die hier in Windhoek einen Job haben, lebt im Norden eine ganze Großfamilie auf ihrem Dorf von dem, was der eine Sohn in der Hauptstadt verdient. Tobis eigenes Geld ist das, was er samstagvormittags von uns bekommt. Unser Garten ist nicht sehr groß und Kurt liebt Gartenarbeit. Also haben wir nur an einem halben Tag pro Woche Arbeit für Tobias. Aber immerhin: Für die sechs Stunden geben wir ihm 120 Dollar, also rund 500 Namibia-Dollar im Monat – halb so viel, wie für seinen Vollzeitjob in der Lodge. Wir vermuten, dass von diesem Job und diesem Geld niemand in seiner Familie etwas weiß. Nur so hat er die Chance, ein bisschen Geld für sich zu behalten und zu sparen. Denn Tobi will ja auch einmal heiraten. Er sieht zwar aus wie 25, ist aber schon Ende dreißig. Ein Babyface eben. Na ja, nicht nur kindlich im Aussehen, ehrlich gesagt. So ein ganz Schneller im Kopf ist Tobias auch nicht. Er ist willig, das stimmt: „Ja, Meneer[1]" ist seine Standardantwort auf alles, was der Mann an meiner Seite ihm sagt. Ja Meneer. Fehlt nur noch, dass er dabei die Füße zusammenschlägt und salutiert.

Immer wenn wir wegfahren, zieht Tobi in das Außenzimmer ein, in unser Gästezimmer, das einen eigenen Eingang vom Garten hat, und bewacht das Haus. Da wohnt er dann jeden Tag, bis wir wieder da sind und signalisiert allen Tsotsis, die die Gegend auskundschaften: „Hier wohnt jemand. Kein guter Zeitpunkt, um einzubrechen." Ich habe lange gedacht, der Mann an meiner Seite ist paranoid, dass er sein Haus so gar nicht allein lassen will. Aber er ist sich sicher, dass die hauptsächlich von Weißen bewohnten Vororte ständig beobachtet werden und dass sofort gemeldet wird, wenn irgendwo freie Bahn für einen Einbruch ist.

[1] Afrikaans für „Mein Herr". Respektvolle Anrede, im Sinne von „Gnädiger Herr".

Unseren Nachbarn passierte das zwei Tage vor Weihnachten, mitten am Tag. Ich saß mit einem Buch auf der Veranda und sah zwei schwarze Gestalten dort zu einem wartenden Taxi sprinten, das dann mit durchdrehenden Reifen abfuhr. Da hatten sie, wie wir später hörten, schon die Haustür aufgehebelt, TV und Stereoanlage und ein paar kleinere Wertgegenstände entwendet und ins Auto getragen. Alles, bevor die Alarmanlage den Sicherheitsdienst herbeirief.

Aus diesem Grund haben wir jemanden, der immer da ist – Tobias. Er schläft bei uns, geht morgens nach nebenan in die Lodge zur Arbeit, hat abends ein Zimmer mit eigener Dusche für sich und grillt sein Essen auf dem Braai draußen. Wenn wir das Auto packen, um zu fahren, kommt Tobi mit Tasche und Ghettoblaster und zieht ein. Für ihn ist das jedes Mal ein super Urlaub, der dazu noch fürstlich bezahlt wird. Denn fürs Aufpassen und fürs abendliche Wässern, zahlen wir pro Tag 100 Nambia-Dollar. Da kann er dann endlich sparen für seinen eigenen Hausstand.

Er hat unser Vertrauen noch nie enttäuscht, ist immer zuverlässig gekommen, jedes Mal, wenn wir weggefahren sind, und jeden Samstagmorgen. Nur heute ist er nicht da – und letzte Woche auch schon nicht. Hatten wir vergessen, dass er uns von einer Familienfeier im Ovamboland erzählt hat? Die gibt es gelegentlich. Da zwängt er sich dann in einen der kleinen Minibusse, die mehrmals am Tag nach Norden ins Ovamboland fahren, und ist für ein Wochenende bei seiner Familie. Aber zwei Wochen weg sein – das kommt sonst nur zu Weihnachten vor. Wir sind ratlos.

Tobias Bruder hat angerufen. Zwei weitere Wochen waren mittlerweile vergangen, ohne dass wir von Tobi gehört hatten. Er ging nicht ans Handy, die bei der Lodge nebenan sagten nur, sie hätten ihn nach Hause geschickt.

Er habe nicht mehr gut gearbeitet. Das konnten wir uns gar nicht vorstellen. Er war ja immer tüchtig und willig gewesen, die ganze Zeit.

Nun, nach dem Anruf, wissen wir, was los ist. Tobi ist tot. Er ist in seinem Heimatdorf an AIDS gestorben. In der Endphase war er offenbar so schwach gewesen, dass er nicht mehr ordentlich arbeiten konnte – da hat ihm die Lodge, bei der er angestellt war, noch ein Trinkgeld gegeben und ihn rausgeschmissen. Deutsche Besitzer, für die man sich nur schämen kann. Dann hat er den Minibus genommen und ist zum Sterben nach Hause gefahren, in sein Dorf.

Wir waren wie vor den Kopf geschlagen. Wie konnte es sein, dass uns das entgangen war? Nun ja, auch wir hatten das Gefühl gehabt, er sei zum Schluss langsamer geworden. Aber das gibt es ja schon mal, dass Leute eine schlechte Phase haben. Vermutlich war die Arbeit bei uns leicht genug, dass es nicht auffiel. Naomi hat die ganze Zeit gewusst, dass er AIDS hatte, stellen wir fest, als wir sie darauf ansprechen. Er sei in den letzten Monaten immer zu ihr gekommen und habe um Chilipulver gebeten. Wenn man das auf das Zahnfleisch reibe, dann helfe das gegen die Übelkeit, die die Krankheit mit sich bringt. Das weiß jeder in Katutura.

Der Mann an meiner Seite schäumt. „Warum hat er uns nicht Bescheid gesagt?", schreit er. „Wir hätten doch helfen können. Wir sind doch nicht solche, wie diese, diese ... Keine gewissenlosen Menschenschinder, wir sind Menschen mit Herz. Vier Jahre hat er bei uns gearbeitet. Warum hat er denn nur nichts gesagt?"

Er ist untröstlich, aufgelöst, ohne jedes Verständnis. Angegriffen auch von der plötzlichen Endlichkeit. Jetzt ist es zu spät. Man kann nichts mehr tun. Naomi versucht es ihm zu erklären. „Der Ovambo hatte noch seinen Stolz", sagte sie. „Denk dran, Meneer, dass es ihm wahrscheinlich peinlich war. Peinlich, krank zu sein, peinlich, diese Krankheit zu haben, peinlich, nicht mehr arbeiten zu können, sterben zu müssen, allen zur Last zu fallen. Das wollte er lieber mit sich ausmachen und mit seiner Familie."

„Aber wir hätten ihm bezahlen können, dass er hier ins Krankenhaus von Katutura kann", erwidert Kurt. „Da hätten die ihn versorgen können."

„Ich kann mir nicht vorstellen, dass das besser ist, als zuhause zu sterben", beschwichtige ich. „Egal, wie arm seine Familie auch ist. Und es ist ja so schnell gegangen. Da war das bestimmt die richtige Entscheidung."

Am nächsten Tag nehme ich mir Naomi in der Küche vor. „Du musst deine Kinder warnen, dass sie aufpassen, immer. Mit AIDS ist nicht zu spaßen." Naomi hat nur ein schiefes Lächeln. „Ich tu, was ich kann, Mevrouw[2]", sagt sie, „aber die jungen Mädchen von heute, die machen was sie wollen. Die hören nicht – und arbeiten wollen sie auch nicht. Die suchen sich einen Sugar Daddy, der sie aushält. Und was der will, das machen sie – und wenn der kein Kondom will, und er will garantiert keins, dann nehmen sie eben keins."

Ich seufze. Sie hat ja Recht. Wir wissen es alle. Der Kampf ist kaum zu gewinnen.

Namibia gehört zu den Ländern mit der höchsten HIV-Infektionsrate überhaupt, AIDS ist Todesursache Nummer eins. Verlässliche Zahlen sind schwer zu bekommen, aber man schätzt, dass fast jedes fünfte Kind ein Elternteil durch AIDS verloren hat. Die Infektionsrate

---

2 Afrikaans für „Meine Dame". Höfliche Anrede, in etwa wie „Gnädige Frau".

in der Bevölkerung wird immer wieder unterschiedlich angegeben, liegt aber wohl zwischen 13 und 19 Prozent, allerdings mit großen regionalen Abweichungen. So ist die Infektionsrate bei werdenden Müttern in Caprivi/Sambesi mit über 35 Prozent fast 10 Mal so hoch wie in Rehobot mit 4,2 Prozent.[3] Die WHO und der United Nations Population Fund gehen mittlerweile davon aus, dass die Neuinfektionen in Zukunft zurückgehen. Man kann nur hoffen, dass sie den Trend richtig erkannt haben, denn für Namibias weitere Entwicklung ist die hohe Zahl infizierter Bürger ein schweres Risiko. Eine Therapie mit retroviralen Medikameten für nicht versicherte Namibier zur Verfügung zu stellen und Prävention und Therapie bis in die entlegenen Landesteile zu bringen, würde einen beträchtlichen Teil des namibischen Haushalts fordern. Tut man es nicht, sieht sich der Staat einer von Tod, Verwaisung und der Sorge um sterbende Angehörige belasteten Bevölkerung gegenüber. Aufklärung über die Risiken für Neuansteckung steht wohl an erster Stelle, da hier, wie im ganzen südlichen Afrika, immer noch wilde Phantasien darüber kursieren, wie man sich vor AIDS schützen könne.

Soll man lachen, wenn man hört, dass der südafrikanische Ministerpräsident Jakob Zuma empfahl, nach dem ungeschützten Sex heiß zu duschen? Oder lieber weinen? Denn sein schlechtes Vorbild bereitet den Weg für kriminellen Aberglauben in Südafrika und Namibia, wie die Legende, ungeschützter Sex mit einer Jungfrau bringe Heilung für HIV-Infizierte. Die Folgen für junge Mädchen sind dramatisch.

---

[3] WHO AR 2011, S. 22-23, UNDP Population Fund, FPA/CP/Nam 5 October 2013.

AIDS ist eine alltägliche Bedrohung. Für Jugendliche in Namibia ist es daher noch schwerer als bei uns, wenn sie ihre Pubertät erleben, sich mit den ersten Hormonstößen auseinandersetzen und sich verlieben. Denn ihre Eltern sind in heller Panik, die Kinder könnten sich infizieren, bevor ihnen die Tragweite ihres Tuns bewusst ist. Natürlich wird an den Schulen über Verhütung als AIDS-Prävention aufgeklärt. Aber seit wann haben Schüler schon einfach geglaubt – oder gar befolgt – was ihnen die Lehrer erzählen?

Die hohe AIDS-Verbreitung ist dabei hauptsächlich ein Phänomen in der schwarzen Bevölkerung. Und das ist ein weiterer Grund für Eltern, Beziehungen zwischen Jugendlichen verschiedener Hautfarben zu verteufeln. Das Risiko sei zu hoch.

Ich erinnere mich an ein nächtliches Gespräch mit den Kindern am Küchentisch. Es ist ein paar Jahre her, aber auch damals traf die Bezeichnung „Kinder" die Realität nicht mehr. Zwei junge Männer saßen da am Tisch und wollten wissen, was sie sich in der Schule nicht zu fragen getraut hatten. Ihr Vater war schon ins Bett gegangen, eine ideale Zeit für ein offenes Gespräch mit der Frau aus Deutschland.

Ob es denn wirklich so schlimm sei, wenn man einmal das Kondom vergessen habe? Ich musste schlucken. An diese Fragen konnte ich mich noch aus meiner eigenen Jugend erinnern. Aber seitdem ging es eben nicht mehr nur um ungewollte Schwangerschaften.

„Schon einmal reicht, damit du AIDS bekommst. Das ist die wahre Gefahr, viel schlimmer als ein Baby." Merkwürdig, sie blickten erleichtert. Warum nur? „Ach, wir schlafen nicht mit schwarzen Mädchen", beschwichtigte mich Sven. „Das haben unsere Eltern uns gut erklärt. Das Risiko ist zu groß."

Da war sie wieder, die Grenze zwischen Schwarz und Weiß, die wir doch aufheben wollen, damit die nächste Generation friedlich miteinander die Zukunft gestaltet. Aber so einfach ist es eben nicht: Die AIDS-Infektionsrate unter jungen schwarzen Frauen beträgt fast zwanzig Prozent. Und trotzdem haben Ehemänner und Familienväter aller Völker One-Night-Stands und Affären und tragen damit das Virus in ihre Familie und in ihre eigene Gruppe. Da unterscheidet sich Namibia nicht von Westeuropa, nur das Risiko ist zigmal so hoch. Auch in Svens Schule hatte schon der eine oder andere Mitschüler probiert, ob es anders sei, mit einem schwarzen Mädchen zu schlafen. Es brauchte lange Erklärungen, bis die Jungs verstanden, dass er damit dem Virus die Tür in ihre kleine weiße Welt geöffnet hatte. Die Rassenschranken schützen dich nicht mehr, nur Kondome, nichts anderes.

Als die beiden ins Bett gegangen waren, blieb ich nachdenklich am Küchentisch sitzen. Wenn doch die Pille danach auch gegen AIDS helfen würde, sodass man einen einmaligen Ausrutscher noch korrigieren könnte. Leider verzeiht HIV keine Fehler.

„Wie unbeschwert war unsere Jugend ohne dieses Virus", denke ich nicht zum ersten Mal. Davon kann man den Jungs gar nichts erzählen, die halten das für einen Kinofilm. Die Sorglosigkeit, mit der wir Kinder der 70er und 80er Jahre Beziehungen eingingen. Das ist vorbei. Für immer vermutlich.

Ich seufze. Ob die wohl noch Spaß am Leben empfinden, nach all den Horrorszenarien, die ich gezeichnet habe? Da höre ich lautes Stöhnen und Knallen aus dem Wohnzimmer. Thomas und Sven haben die Playstation angeworfen und spielen „Nazi Zombies".

Verrottende Gestalten wanken über Gräberfelder auf ein Haus zu, in dem sich die tapferen Soldaten verteidigen.

Ich verstehe sie. Sie brauchen jetzt einen Feind, auf den man schießen und den man vernichten kann. Nicht so einen heimtückischen unsichtbaren, tödlichen Killer wie dieses Virus.

„Sie treiben den Teufel mit dem Beelzebub aus", denke ich und gehe ins Bett.

Knowledge is Power

Wie die Frauen Namibias sich zu einer neuen Elite formieren. Und: Was sind ihre wichtigsten Fragen?

Ich bin im Nationaltheater in Windhoek. Vorne auf der Bühne sitzen zwei schwarze Frauen auf Barhockern und sprechen die Vagina-Monologe.

„Meine Fotze denkt ...", „Meine Fotze will ..."

„Meine Art von Entertainment ist das nicht", denkt mein Kopf. Mir ist das unangenehm. Dabei bin ich in einer der sexuell freizügigsten Regionen der Welt aufgewachsen. Nur in Skandinavien geht man wohl noch freier mit Sex und nackten Körpern um, als bei uns in Deutschland. Hier dagegen ...

Ich blicke mich verstohlen um. Das Theater ist dunkel. Aber ich kann den Kopfschmuck einiger Herero-Trachten ausmachen, die großen, waagerechten Stoffrollen, die an Rinderhörner erinnern. Dort drüben sitzt eine Gruppe von Herero-Damen majestätisch in ihren voluminösen Gewändern, die von den prunkvollen Kleidern wilhelminischer Frauen inspiriert wurden. Ob auch die Prüderie des Kaiserreichs hierher importiert wurde, nicht nur die Kleider? Wenn ja, wie fühlen sich diese Ladies, wenn sie jetzt wieder hören müssen „Was sagt deine Fotze ...?“

Rechts vor mir sitzt eine Gruppe Nama-Frauen, ebenfalls in traditionellen Gewändern. Während mir die Herero immer vorkommen wie Adelige, macht die Nama-Tracht ihre Trägerin zum Dienstmädchen. Die Kleider erinnern an Kittelkleider, die hübschen für den Sonntag. Und besonders das ordentlich gebundene Kopftuch sieht für mich aus, als hätten sich diese Nachfahren der sogenannten Hottentotten gerade für den Hausputz vorbereitet. Aber auch sie – was halten sie wohl von den Ereignissen auf der Bühne? Der Saal ist zu etwa zwei Dritteln gefüllt. Wenn ein Mann darunter ist, dann kann ich ihn nicht entdecken. Wir sind unter uns, unter Frauen.

Allerdings sehe ich außer mir hier keine andere weiße Frau. Dabei befinde ich mich auf der jährlichen namibischen Frauenkonferenz. Sollten da nicht alle Ethnien vertreten sein? Warum ist hier niemand aus meiner Gruppe?

Ich selbst bin hier, weil ich vor drei Tagen eine Anzeige in der Allgemeinen Zeitung gelesen hatte: „Einladung zum Namibian Womens Summit“. Auf der angegebenen Webseite konnte man sich zwar nicht anmelden und die Telefonnummer war ständig besetzt, aber schließlich drang ich zu Anne Thandeka Gebhard durch, der Veranstalterin dieses jährlichen Events. Ob ich als „Neu-Import“ aus Deutschland wohl auch teilnehmen könne? Ich sei nicht sicher, ob ich mich schon als „Namibian Woman“ bezeichnen dürfe. Anne war freundlich und bestimmt. Sie freue sich überaus, wenn ich dabei sein würde. Ein Anmeldeformular kam per E-Mail, und einen Tag später war ich nach der Überweisung des Teilnehmerbeitrages angemeldet. Dreihundert Namibia-Dollar, umgerechnet 30 Euro für drei

Tage Konferenz. „Konnte das stimmen?“, fragte ich mich. Konnte dies wirklich eine professionelle Veranstaltung sein – oder würden wir uns in einer Schulaula treffen? Andererseits war als Ort das Safari Hotel & Conference Center angegeben. Eine klassische Konferenzadresse in Windhoek. Der Preis sollte alles enthalten: Konferenzgetränke, Verpflegung und am zweiten Abend sogar ein Gala Dinner.

Dieser letzte Programmpunkt versetzte mich für zwei Tage in hektische Aktivitäten. Meine namibische Garderobe bestand aus einer Auswahl von Jeans und Safarihosen, kombiniert mit T-Shirts und Fleecejacken. Dazu wahlweise Flipflops oder Turnschuhe – ganz nach Jahreszeit. Aufatmend hatte ich alles, was mich an Business Garderobe erinnerte, in Deutschland gelassen – und auch in zwei Jahren nicht vermisst.

„Meinst du, ich muss mich schick machen?“, fragte ich etwas zaghaft den Mann an meiner Seite. „Es ist schon weit mit dir gekommen, wenn du einen Mann, der sein Leben auf Safari verbringt, nach Kleidungstipps fragen musst“, dachte ich.

„Sind da auch schwarze Frauen?“, fragte der. „Bestimmt“, antwortete ich. „Auf den Fotos vom letzten Jahr waren jedenfalls viele zu sehen.“

„Die machen sich immer sehr schön, wenn sie etwas unternehmen“, war seine lakonische Antwort.

Darauf hätte ich auch selbst kommen können. Wenn unsere Hausangestellte Naomi, eine Herero-Frau, morgens die Straße heraufkam, dann war sie jedes Mal so fein ausstaffiert, als wollte sie zu einer Feierlichkeit gehen, nicht zum Putzen.

Also musste ich den Veranstaltern dieses Namibian Womens Summit den gleichen Respekt erweisen und mir etwas Ordentliches zum Anziehen besorgen.

Für den Auftaktabend hatte ich beschlossen, dass Jeans und Blazer zusammen mit einem schönen großen Umschlagtuch ausreichen müssten. Ich hatte ja noch zwei Tage vor mir. Ich betrat das Theater – und fühlte mich vollkommen underdressed. Hier hatte ganz offenbar jeder sein Feinstes rausgesucht. Oft sollte ich mich in den kommenden drei Tagen fragen, wie insbesondere die Herero-Frauen es schafften, so viele der ausladenden Kleider mit sich zu bringen, dass sie jeden Tag wechseln konnten. Erst am letzten Tag klärte mich eine von ihnen auf: Gewechselt wird nur das Oberkleid, die oberste Schicht sozusagen. Darunter trägt frau viele Unterkleider, die das Volumen bringen – die bleiben immer gleich.

Die Vagina-Monologe waren indessen vorbei. „Endlich", seufzte ich. Vorne auf der Bühne stand Anne Thandeka, die Veranstalterin und Moderatorin. Eine beeindruckende Frau, im modernen afrikanischen Gewand, goldgewirkter Stoff mit goldenem Kopfschmuck – jeder Zoll eine afrikanische Königin.

„Meine lieben namibischen Frauen", hörte ich sie sagen. „Ich freue mich auf zwei wundervolle Tage mit euch. Kommt morgen früh zum Networking-Event vor dem ersten Seminar. Ihr habt alle in euren Konferenzmappen das Programm erhalten. Lest es bitte durch und nutzt jede Gelegenheit. Networking ist das Wichtigste, das ihr tun könnt hier. Und nun kommt sicher nach Hause und bis morgen."

Ich hatte hinten in der letzten Reihe gesessen. Wenn ich allein irgendwohin gehe, liebe ich es, den Überblick zu haben – und etwas im Rücken. So war ich schnell wieder im Foyer. Unwillkürlich musste ich schmunzeln. Hier hatte ich den ganzen Nachmittag verbracht – und schon einmal richtig Afrika-Atmosphäre geschnuppert.

Um zwölf Uhr sollte nämlich die Registrierung beginnen, so hatte es im Programm gestanden. Und als brave Deutsche war ich natürlich frühzeitig erschienen. Um ein Uhr war ich am Theater. Außer mir war allerdings kaum jemand da. Ein paar Mitarbeiter der Konferenz versuchten hektisch, die Drucker zum Laufen zu bringen und Teilnehmerausweise zu sortieren. Vieles schien teilweise vorbereitet – aber wenn einer von uns frühen Aspiranten etwas haben wollte, wurden wir gebeten, noch zu warten. Ich will es kurz machen. Um fünf Uhr nachmittags hatte ich endlich meinen Ausweis in den Händen, dazu eine Konferenzmappe. In der Zwischenzeit war entspanntes Warten angesagt gewesen. Immerhin konnte ich in Ruhe das bunte Frauenvölkchen beobachten, dass sich hier für zweieinhalb Tage versammeln wollte.

Einen Kontakt hatte ich auch schon geknüpft. Kaum hatte ich nämlich einen der wenigen Stühle im Foyer ergattert – hörte ich neben mir ein energisches „Rutsch doch bitte mal einen weiter. Du kannst ja auf jedem Stuhl sitzen, dünn wie du bist, ich brauche einen Stuhl am Rand, sonst geht es nicht." Ich tat wie mir geheißen wurde, und neben mir nahm eine ausladende Frau Platz.

„Hi, ich bin Eva."

Eva hatte im Ministry for Gender Equality, dem Frauenministerium, gearbeitet, war Mitte Fünfzig und schon pensioniert. Jetzt kümmerte sie sich auf einer kleinen Farm in der Nähe von Mariental um AIDS-Waisen aus Katutura.

„In Katutura haben die keine Chance", vertraute sie mir an. „Die kommen früher oder später in schlechte Gesellschaft, da kann man gar nichts machen. Wir holen sie da raus und bringen sie auf die Farm. Das Waisenhaus da ist dem Farmbetrieb angeschlossen. Sie müssen auch helfen – aber nicht sehr viel, keine Kinderarbeit. Und sie gehen in Mariental zur Schule."

Eva war auf der Konferenz, um Sponsoren für ihr Projekt zu finden. Sie wollte ein zweites Haus bauen, mit mehr Zimmern, und der Minibus, mit dem die Kinder zum Unterricht gefahren wurden, lag in den letzten Zügen. „Wir brauchen einen neuen Bus."

Ich konnte mir gut vorstellen, dass sich Waisen bei Eva geborgen fühlten. Da saßen mindestens 200 Pfund geballte Mütterlichkeit neben mir, eine Frau, die auch ohne ausladende Gewänder beeindruckend groß war. Und eine, die mit ihrer eigenen Leibesfülle ausgesprochen locker umging.

„Wenn ich einkaufen gehe", erzählte sie mir grinsend, „dann zeigen ganz oft Kinder auf mich und sagen: ‚Mami, guck mal die dicke Frau'. Dann sind die Mütter ganz peinlich berührt und wollen die Kinder zum Schweigen bringen und wegziehen. Aber ich stoppe das immer und sage: ‚Stimmt, ich bin dick. Wollt ihr mal fühlen? Kommt mal her.' Und dann lass ich sie in meinen Bauch pieksen." Eva lachte dröhnend. „Und dann quietschen sie und schreien: ‚Mami, die ist ganz weich, ganz ganz weich.'"

„Was für ein Selbstbewusstsein", dachte ich – und fragte mich, ob Eva wohl typisch sei für die Frauen, die die Konferenz besuchen.

Am folgenden Tag war ich pflichtschuldigst um halb acht Uhr morgens zum Networking Breakfast im Safari Hotel und traf dort auf die nächste beeindruckende Frau.

Gisela Kramer, ich schätzte ihr Alter auf irgendetwas in den 60ern, war nicht nur eine echte, zähe und verschmitzte Südwesterfrau, sondern auch die Bürgermeisterin von Henties Bay – gewählt von den Bürgern ihrer Gemeinde. Gisela besuchte die Konferenz seit ihrer Gründung im Jahre 2007 – aus Prinzip, wie sie sagte, weil es wichtig sei, dass die Frauen in diesem Land ein Bewusstsein für ihre eigenen Fähigkeiten entwickeln. Deshalb brachte sie auch gleich alle Mitarbeiterinnen aus der Stadtverwaltung von Henties Bay mit. Ich hatte sie morgens schon auf dem Parkplatz gesehen, wo aus der Hintertür eines mittelgroßen Bakkies eine voluminöse Herero-Frau nach der anderen kletterte. In der Hand hielten sie Supermarkt-Plastiktüten, in denen sich das Obergewand zum Wechseln befand, sodass die Damen am Abend bei der Gala im Glitzerlook erscheinen konnten, ohne zwischendurch in ihre Unterkunft fahren zu müssen.

Gisela selbst sah aus wie die Oma, die sich jeder wünscht: Klein, eher schmal, mit Karorock, Schnürschuhen und einer Steppweste wäre sie in keiner deutschen Kleinstadt aufgefallen. Aber der erste Eindruck täuschte: Gisela Kramer lenkte die Geschicke ihrer Stadt mit eiserner Hand – und mit Weitblick. Sie war in diesem Jahr nach Windhoek gekommen, um Ideen zu sammeln, wie sie Henties Bay zukunftsfähig machen könne.

„Der Fisch bleibt weg – und das ist alles, wovon wir bisher leben. Wenn die Südafrikaner nicht mehr zum Angeln kommen, dann ist Henties tot. Wir müssen uns weiterentwickeln, andere Attraktionen schaffen. Ich brauche jemanden, der ein Konzept für so etwas schreiben kann. Kannst du das?“ Hier wurde keine Zeit verschwendet. Nicht nur äußerlich erinnerte mich diese drahtige Südwesterin an meine Freundin Hannah Schreckenbach, die nach einem abenteuerlichen Leben als Architektin, Dozentin und Entwicklungshelferin in Ghana und anderen afrikanischen Ländern mit ihren achtzig Jahren noch immer automatisch die Führung in jeder Situation übernimmt.

Konnte ich für sie ein Konzept entwickeln? Ein neues Konzept für einen touristischen Standort? Spannend sicher und nicht ganz weit weg von meiner momentanen

Tätigkeit. Schließlich beriet ich ja Kurt beim Ausbau seines Reiseunternehmens. Ich überlegte einen Moment.

Gisela hatte mein Schweigen falsch gedeutet und schon weitergeredet.

„Ich versteh schon, wenn du nicht willst. Richtig Geld zahlen kann ich außerdem auch nicht, denn wir haben das Budget dafür schon ausgegeben. Dieser dumme Wambo, den sie mir als zweiten Bürgermeister reingesetzt haben, der hat seinen Schwager beauftragt, ein Marketingkonzept zu erstellen. Der letzte Dreck, glaub mir. Völlig unbrauchbar. Aber das Geld ist nun weg."

Sie holte kurz Luft.

„Du könntest mir aber helfen und dich hier in den nächsten Tagen umhören, ob du jemanden triffst, der dafür geeignet wäre. Oder vielleicht hörst du ja auch von Ideen, die für uns nützlich wären – dann sag mir bitte Bescheid. Ich kann ja nicht in allen Workshops sitzen."

„Wow", dachte ich, „ob das so weitergeht? Sind denn das alles Powerfrauen hier? Ob da noch mehr kommen?"

Und es ging tatsächlich so weiter – mit Frauenpower auf der Bühne und im Publikum. Ich war schon nach der Einführung beeindruckt: Vom Programmaufbau konnte diese Konferenz lässig mit den exklusiven Frauenkonferenzen mithalten, die ich vor ein paar Jahren in Berlin besucht hatte.

Es sprachen die Botschafterinnen der USA und Finnlands. Dieses skandinavische Land war offenbar einer der Hauptsponsoren für die Initiative. „Wie schlau", seufzte ich. „Und wo ist die Deutsche Botschaft hier? Nicht zu sehen. Bei all dem ständigen Gerede von Deutsch-Südwest, von kolonialer Geschichte und Verantwortung ist hier weit und breit kein Vertreter Deutschlands, der sich mit der weiblichen Elite des Landes beschäftigt."

Wir hörten praxisnahe Fallgeschichten, von den Unternehmerinnen selbst erzählt, und teilten uns dann auf in Workshops zu klassischen Existenzgründungsfragen: Wie starte ich ein Business, wie mache ich mein Business erfolgreicher – aber auch: Wie kann ich erfolgreich eine Führungsrolle in meiner Firma, meiner Gemeinde oder meiner Familie übernehmen.

Einige Workshops befassten sich mit Basisfragen: „Warum müssen wir Steuern zahlen?" und „Wer zahlt Mehrwertsteuer, wie und wann?" Ich liebte besonders die Frage „Warum überhaupt Steuern?" Ich glaube, sie würde auch in einer deutschen Konferenz zu einer erhellenden Diskussion führen. Zugegeben, hier wurde dies ernsthaft diskutiert. Ich wunderte mich kaum darüber, denn oft hatte ich schon gedacht, dass der durchschnittliche arme Namibier gar nicht erlebt, dass er von Steuern profitiert.

Aber auch Themen für Fortgeschrittene wurden angeboten. Zum Beispiel, wie man finanzielle Engpässe überbrückt oder was eine funktionierende Telekommunikation zum Geschäftserfolg beitragen kann. Und auch das Modethema aller westlichen Business-Konferenzen, die sogenannte Work-Life-Balance, stand hier, in einem afrikanischen Entwicklungsland, mit auf der Tagesordnung.

Nicht nur thematisch, auch technisch bot der Namibian Womens Summit ein hohes Niveau. Die Redner wurden auf große Videoleinwände übertragen, sodass alle sie gut sehen konnten. Die Tontechnik war gut, es gab genügend Plätze. Das alles hatte ich bei deutschen Konferenzen schon viel schlechter erlebt. Eine reife Leistung von Anne Thandeka und ihrem Team.

Wenn die Teilnehmerinnen sich eins gewünscht hätten, dann vermutlich simultane Übersetzung aus der Konferenzsprache Englisch in die wesentlichen Sprachen Namibias. Obwohl Englisch seit der Unabhängigkeit vor zwanzig Jahren die offizielle Amtssprache ist, fällt das Verstehen und Sprechen vor allem Frauen aus ländlichen Regionen oft schwer. Ich beobachtete, wie eine junge, traditionell gekleidete Nama-Frau die ganze Zeit für drei ältere Herero-Damen ins Afrikaans übersetzte. Die drei wollten sich mit einem eigenen Kindergarten selbständig machen und suchten hier Tipps und Sponsoren. Das hatten sie mir beim Frühstück in gutem Deutsch erzählt. Englisch aber gehörte offenbar nicht zu ihren Lieblingssprachen.

Wie auf fast jeder Konferenz hatte ich den Eindruck, dass die Teilnehmerinnen am meisten von den positiven Beispielen der Referentinnen profitierten. Wie von Bongiwe Kali, die in Südafrika zum „Weiblichen Farmer des Jahres" (Female Farmer of the year) gekürt worden war.

Bongiwe war nach einem Studium in Südafrika und einem mehrjährigen Aufenthalt in England nach Hause gekommen, um die Hühnerfarm der Eltern weiterzuführen. Sie war also ganz offenbar kein unterprivilegiertes Mädchen gewesen. Beachtenswert fand ich: Auf der Farm hatte die Mutter das Sagen, denn das Unternehmen zu gründen, war ihre Initiative gewesen. Der Vater, ein ehemaliger Lehrer, arbeitete als Angestellter der Mutter.

Als Bongiwe in das Geschäft eintrat, wollte sie expandieren und mehr Legehühner aufziehen. Schnell musste sie aber erkennen, dass sie mehrere Monate auf Küken würde warten müssen und dass das Geschäft mit den Jungküken, die Kükenaufzucht, immer noch fest in der Hand weißer Südafrikaner war.

Sie beschloss, selbst welche auszubrüten. Alle sagten ihr – zu allererst ihr Vater – dass sie dies nicht schaffen könne. Er meinte trocken: „Wenn es einfach wäre, hätten wir es selbst schon gemacht. Glaub nicht, dass wir es nicht schon versucht hätten."

Sie probierte es trotzdem. Aus dem ersten Schwung Eier kamen gar keine Küken. Beim zweiten Mal bekam sie zwei Küken aus 30 Eiern, davon eins verkrüppelt. Der Vater wollte das verkrüppelte Küken töten, doch sie hielt ihn davon ab. Als ständige Mahnung hüpfte dieses Huhn über den Hof, so lange, bis Bongiwe ihr Ziel erreichte. Dann ließ sie das Huhn töten. Heute schlüpfen fast zwei Drittel der Eier, und Bongiwe Kali ist eine der erfolgreichsten Unternehmerinnen Südafrikas. Bereits zweimal wurde sie zum weiblichen Farmer des Jahres gewählt.

Die Zuhörerinnen hingen an ihren Lippen. Bongiwe ist ein wahres Energiebündel, und es macht Spaß, ihr zuzuhören. Besonders die Mischung aus eigenen Erlebnissen und grundsätzlichen Ratschlägen sprach an. Immer wieder unterbrach zustimmendes Klatschen ihre Rede.

In Erinnerung geblieben sind mir aber auch die kleinen Geschichten. So wie die von Sandra Mamungwa. Auch sie gehört nicht zur Unterschicht Namibias, hat in den Bahamas Hotelmanagement studiert und dann für die Mokuti Lodge, für Midgard und die staatliche Namibian Wildlife Ressorts (NWR) gearbeitet. Allesamt große Namen in der namibischen Hotellandschaft. Aber ihre Ausbildung und Erfahrung schützten sie nicht vor der Bevormundung durch männliche Vorgesetzte. Sie weigerte sich, die Vorgaben umzusetzen und kündigte.

„Im Herzen war ich sowieso immer eine Unternehmerin", sagte sie. Aber nicht eine kleine Lodge oder ein Bed & Breakfast in Windhoek wurde ihr nächstes Projekt. Obwohl sie doch dafür Ausbildung und Kontakte am besten hätte nutzen können. Nein, Sandra eröffnete eine Taschenschneiderei in Katutura und nähte Taschen für besondere Anlässe, für Konferenzen oder mit Logos für Tourveranstalter. Am Anfang besaß sie eine einzige Nähmaschine, heute surren elf Maschinen in ihrem Laden. Sandra ist zur Arbeitgeberin geworden. Ihre Zuhörerinnen lauschten gespannt. Vielen konnte ich ansehen: Dies war eine Art von Geschäft, die sie sich ebenfalls vorstellen konnten.

Ein Arm reckte sich hoch.

„Wie schafft man es, dass der Ehemann die Selbständigkeit unterstützt?" Zustimmendes Raunen unter den anderen Teilnehmerinnen. Diese Frage beschäftigte viele.

„Und wird dein Ehemann auch hinter dir stehen, wenn du erfolgreich bist?" Auf diese Frage wäre ich nicht gekommen – aber alle anderen nickten wieder.

Sandra blickte nachdenklich ins Publikum.

„Stay submissive." Mir sträubt sich die Feder, das ins Deutsche zu übersetzen. „Bleibt unterwürfig und nachgiebig." Und das von einer erfolgreichen Unternehmerin. Mit einem Schlag kam ich auf den Boden der Realität zurück – wir sind hier in Afrika. Trotz Beamerpräsentation, Konferenztechnik und Unternehmerfrauen ist dies Windhoek, nicht Berlin: „Sei unterwürfig."

Aber Sandra hatte noch einen Trick im Ärmel. „Macht euer Geschäft zu einer gemeinsamen Sache. Nehmt euren Ehemann mit hinein in irgendeiner Funktion, sodass er sich damit identifizieren kann. Dann gibt es weniger Ärger."

„Aber gebt ihm eine unwichtige Funktion, Schwestern", rief eine andere Teilnehmerin in die Menge. „Gebt ihm eine Position, die schön klingt, aber wenig Arbeit macht. Etwas, das ihr ersetzen könnt – und bleibt vor allem rechtlich unabhängig. Gebt ihm keinen Anteil an der Firma." Viele klatschten und pfiffen zustimmend.

„Genau. Denn was ist, wenn er dich verlässt? Was, wenn er sich scheiden lässt?", flüsterte die Frau vor mir ihrer Nachbarin zu.

Im folgenden Jahr war Ehe und Scheidung zentrales Thema auf dem Womens Summit. Ungläubig hörte ich zu, wie Vicki Erenstein ya Toivo, eine der profiliertesten Familienrechtlerinnen des Landes, den anwesenden Damen die Notwendigkeit ans Herz legte, unbedingt einen Ehevertrag zu machen. Warum überraschte mich das? Die Tatsache, dass eine Ehe ohne Vertrag automatisch zur Gütergemeinschaft führte, eine mit Vertrag aber zur Gütertrennung, lag doch nahe und ist nicht so weit entfernt von der deutschen Praxis. Nein, was mich verblüffte, waren ihre nächsten Ausführungen: Sie ermahnte nämlich alle Anwesenden, sich immer klar zu machen, ob ihre Ehe südlich oder nördlich der sogenannten roten Linie geschlossen wurde. An dieser Stelle trennt noch heute ein Vieh-Schutzzaun den stark bevölkerten Norden vom schwach besiedelten Süden. Es ist keine Mauer, man kann ihn an vielen Stellen passieren, mit dem Auto oder zu Fuß, aber er teilt Namibia in zwei Zonen. Südlich davon gilt: Kein Ehevertrag führt zur Gütergemeinschaft, ein Vertrag zur Gütertrennung. Nördlich davon ist es aber genau umgekehrt: Wer dort ohne Regelung heiratet, lebt automatisch in Gütertrennung. Dies wurde während der südafrikanischen Besatzung eingeführt, erfuhr ich, um den Frauen einen minimalen Schutz zu gewähren. Im Norden werden noch viele traditionelle Ehen geschlossen – ohne offizielle Papiere. Ohne diese Regelung würde das Eigentum der Frau in diesen Ehen in den Besitz des Mannes übergehen. Bei einer Trennung dürfte sie nichts mitnehmen. Daher die Sonderregel für den Norden. Wer hätte gedacht, dass nach über zwanzig Jahren Unabhängigkeit noch zwei verschiedene Gesetze nötig sind, um Frauen im Fall einer Scheidung abzusichern.

Noch nötiger wäre ein Gesetz, das Frauen und ihr Eigentum während und nach der Ehe im ganzen Land schützt.

Immer wieder lese ich in der Allgemeinen Zeitung oder im englischsprachigen Namibian von Familiendramen, wenn nach dem Tod des Ehemanns dessen Verwandte die Ehefrau und die Kinder aus dem gemeinsamen Haus werfen. Man kann sich leicht vorstellen, wie drängend dieses Problem ist, wenn zwanzig Prozent der Bevölkerung aufgrund ihrer AIDS-Infektion von einem frühen Tod bedroht sind.

Die patriarchalischen Strukturen bremsen Nambias Fortschritt an vielen Stellen – wie wohl im ganzen südlichen Afrika. Anne Thandeka versucht, auf jeder der Konferenzen auch den Blick der Namibierinnen über die Grenzen des Landes zu lenken. Dorthin, wo größere Länder mit mehr Einwohnern vielleicht schon ein Beispiel geben können für die eigene Entwicklung. Sylvia Banda aus Sambia hat es geschafft. Sie hat in ihrer Heimat ein erfolgreiches Catering-Business eröffnet. Die kleine Frau blickt durch ihre funkelnde Goldrandbrille unter dem ausladenden Kopfschmuck ins Auditorium. Ihre Ratschläge sind eindeutig: „Als ich mein erstes Cateringgeschäft eröffnete, es war noch sehr klein, da habe ich meinem Ehemann nichts davon erzählt. Ich wollte nicht, dass er mich entmutigt. Ich wusste zuerst nicht, wie ich den Spagat zwischen Beruf und Muttersein schaffen sollte. Aber dann habe ich einen Weg gefunden. Ich gebe euch drei Ratschläge für euren Weg.

Erstens: Sorge dafür, dass deine Kinder verstehen, was du tust. Lass sie teilhaben und mithelfen.

Zweitens: Verlass dich nicht auf den Sohn einer anderen Frau. Er ist kein Verwandter von dir. Er wurde nicht von deinen Eltern erzogen. Er teilt nicht deine Werte.

Und drittens: Verlasst euch stattdessen auf euch selbst. Klettert auf den dornigen Baum, nicht auf den mit dem glatten Stamm. Die Dornen werden schmerzen, aber sie werden euch auch helfen, nicht herunterzurutschen. Sie werden euch Mut machen, nicht aufzugeben. Der glatte Baum dagegen – an dem kann man leicht abrutschen und zu Boden stürzen. Dabei brichst du dir vielleicht ein Bein und versuchst nie wieder hochzuklettern."

Ob das letzte eine sambische Weisheit war? Für mich klang es so, aber die zustimmenden Gesichter um mich herum zeigten, dass sie auf jeden Fall auch in Namibia verstanden wird.

Am Abend stand ich am Buffet, vor mir zwei junge hübsche Nama-Frauen, modern gekleidet. In ihrer unglaublich komplizierten Sprache zwitscherten sie klickend und zirpend hin und her. Meine Freundin Angela hatte mich begleitet und fragte nur: „Verstehst du irgendwas?"

„Natürlich nicht", antwortete ich. „Das kann man weder verstehen noch sprechen. Zu schwierig."

„Ach kommt", drehte sich die eine um. Sie streckte ihre Hand aus. „Ich bin Victoria Naoxas. Victoria Emma Naoxas. Ich habe ein Cleaning-Business. Ich bin die Eigentümerin."

„Diese Frau ist das junge Namibia", dachte ich. „So viel Energie strahlt sie aus. So viel Positives."

„Wir stehen hier sowieso noch lange, bevor wir dran sind. Die Herero-Frau am Buffett da, die kenne ich. Die ist langsam. Ich bring euch jetzt meine Sprache bei."

Während der nächsten Viertelstunde versuchten Angela und ich, die zischenden, klickenden Laute, die auf Nama „Guten Tag" und „Danke" heißen sollen, zu imitieren. Ich hatte das Gefühl, ich könne sie mir nicht einmal für zwei Minuten merken. Dabei haben meine Freundin und ich mal Chinesisch gelernt. Aber hier – Fehlanzeige.

Victoria und ihre Bekannte hatten ihren Spaß mit uns. Sie gaben sich Mühe – und tatsächlich, einmal, kurz vor dem Buffet, haben wir es hinbekommen. Allerdings hatte ich es, bis ich zuhause war, schon wieder vergessen.

Ich komme beschwingt zurück nach diesen Konferenztagen, die jedes Jahr im August stattfinden. Kurt fragt dann immer: „Diese schwarzen Ladies, sind die nett zu dir? Reden die mit dir?“ Er kann es sich nicht vorstellen.

Ich möchte ihn am liebsten dorthin bringen. Ihn und all die anderen weißen Frauen und Männer, die ihre schwarzen Mitbürger immer noch fast ausschließlich in Umständen begegnen, die von Ungleichheit geprägt sind. Sie kennen nur die Maid, den Garden Boy, deren Leben so weit weg sind von deinem, dass du keine Gleichheit spürst. Oder sie erleben den Beamten, den Politiker, den Polizisten, die Macht über sie haben und sie spüren lassen. Der Namibian Womens Summit zeigt, dass es eine Welt gibt, in der zumindest wir Frauen uns auf einer gemeinsamen Ebene begegnen. Mit den gleichen Zielen und Fragen. Und nichts anderes spielt hier eine Rolle, schon gar nicht die Hautfarbe.

Auszug aus den Konferenz-Regeln (Conference Etiquette):

1. Schlafe ausreichend, und zwar vor der Konferenz. Es sieht nicht gut aus, wenn man während der Konferenz schläft.
2. Zieh dich bequem an – nicht übertrieben. Die Tage werden lang sein und hohe Absätze oder enge Kleider können zur Qual werden. Aber kleide dich auch nicht zu einfach. Niemand will deine Knie in Shorts sehen.
3. Höre zu – und zwar dem Redner. Flüstere nicht mit deiner Freundin, die du lange nicht gesehen hast, während der Redner versucht, zu dir durchzudringen.
4. Mach Notizen. Mach mehr Notizen. Spiel nicht Tic-Tac-Toe mit deinem Nachbarn.

5. Workshops sind meistens 45 Minuten lang. Geh vorher zur Toilette.
6. Bettelt andere Leute nicht um Spenden an – es ist eine Konferenz, keine Wohltätigkeitsveranstaltung.
7. Am Buffet: Nimm dir nur eine Portion! Das Catering ist so berechnet, dass alle Teilnehmer eine Portion bekommen. Wenn du dir zwei nimmst, wird jemand anders leer ausgehen.
8. Bringe keine Plastikdosen oder andere Behälter mit, um Essen mit nach Hause zu nehmen.
9. Bei den Abendveranstaltungen sollte dein Glas immer in deiner linken Hand sein – so ist die rechte frei zum Schütteln.

Regel Nr. 10 möchte ich hinzufügen:
Schwestern – nehmt jedes Jahr teil. Gemeinsam bewegt ihr dieses wunderschöne Land!

Glossar

Afrikaans Die Sprache der Buren in Südafrika und dort eine der elf Staatssprachen. Auch im damaligen Südwestafrika war Afrikaans unter der südafrikanischen Mandatsverwaltung Amts- und Verwaltungssprache. Noch heute ist Afrikaans die verbindende Sprache für die vor der Unabhängigkeit des Landes geborenen Namibier aller Ethnien. Auch nach der Einführung des Englischen als Staatssprache ist die namibische Alltagssprache stark mit Begriffen aus dem Afrikaansen durchsetzt.

Apartheid System der Rassentrennung im öffentlichen und privaten Leben, das in Südafrika bis 1994 herrschte. Während der Zeit der südafrikanischen Verwaltung galten die Apartheidgesetze auch im damaligen Südwestafrika.

Auf Pad Namibiadeutsch für „unterwegs" (von Afrikaans „Pad" für „Straße, Weg")

Baas Afrikaans für „Chef", „Boss" bzw. „Herr".

Baia dankie Afrikaans für „Vielen Dank".

Bakkie Ein Lieferwagen mit offener Ladefläche, ein sogenannter Pick-up. Der Bakkie ist das beliebteste Auto. Auf der offenen Ladefläche wird das Vieh zum Schlachthof transportiert und die Arbeiter aufs Feld.

Baster Auch „Rehoboter Baster". Die Baster sind eine afrikaanssprachige ethnische Gruppe in Namibia. Sie sind

Nachfahren der holländischen Siedler in der Kap-Region und ihrer Khoi-/Namafrauen. Die Baster siedeln seit dem Ende des 19. Jahrhunderts im Gebiet um Rehobot südlich von Windhoek.

Biltong Trockenfleisch, der beliebteste Snack Namibias. Rind- oder Wildfleisch wird in Streifen geschnitten und getrocknet. In feine Scheibchen gehobelt wird Biltong bei fast jeder Gelegenheit verspeist und ist eines der beliebtesten Mitbringsel aus Namibia.

Boerboel Sprich „Burbull" (von Buren und Bulldogge). Südafrikanische Hunderasse, die zum Schutz der Farmhäuser vor Angreifern gezüchtet wurde. Der Boerboel wird aufgrund seiner Statur und seines Wesens auch als „südafrikanischer Rottweiler" bezeichnet.

Boerewors Sprich „Burewors". Ungebrühte und stark gewürzte Bratwurst aus Lamm- oder Wildfleisch. Die Boerewors kann – anders als die deutsche Bratwurst – meterlang sein. Sie wird zu einer einzigen großen Schnecke aufgerollt gebraten und dann am Tisch zerteilt.

Braai Afrikaans für „Grill" bzw. „grillen". Eine der beliebtesten Freizeitbeschäftigungen der Namibier.

Braaiplek, Pl. -plekke Afrikaans für „Grillplatz". Zu fast jedem namibischen Haus gehört ein Grillplatz. Er ist fast immer gemauert und mit einem Strohdach überdacht. So kann man auch während der Sommerregen entspannt braaien.

Bur/Buren Angehöriger der Buren, der Nachfahren der ersten Siedler, die ab 1652 mit Jan von Riebeck und der Vereinigten Ostindischen Kompanie Südafrika besiedelten. Diese ersten Siedler stammten hauptsächlich aus den Niederlanden, aber auch viele Hugenotten schlossen sich ihnen an, um den Verfolgungen in Europa zu entgehen. Daher dominieren noch heute niederländische und französische Namen in der Burenbevölkerung des südlichen Afrikas.

Buschveld Die mit Bäumen durchsetzte Graslandschaft im südlichen Afrika.

Caprivianer Die in der Mehrheit bantusprachigen Caprivianer leben im Nordosten Namibias, in den Regionen Sambesi (früher: Caprivi) und Kavango-West.

Damara Ethnische Gruppe in Namibia, die neben den San zu den Ureinwohnern Namibias zählt. Ihr Stammgebiet ist der Nordwesten des Landes zwischen der Erongo-Region und dem Kaokoveld.

Droewors Sprich „Druwors". Trockenwurst aus gewürztem Rind-, Lamm- oder Wildfleisch. Sie ist als Snack oder Reiseproviant allgegenwärtig.

Fittie Herabsetzende Bezeichnung für einen schwarzen Mann.

Fullback „Schlussmann" einer Rugbymannschaft. Der Fullback baut das Spiel der Mannschaft von hinten auf, in etwa wie ein Libero beim Fußball.

Galjoen Sprich „Chaljun". Der Galjoen ist ein nur vor den Küsten Südafrikas beheimateter Speisefisch und der Nationalfisch Südafrikas. Er wird auch Schwarzfisch oder Schwarzbrasse genannt.

Herero Das halbnomadische Bantuvolk begann im 16. Jahrhundert, nach Namibia einzuwandern.

Himba Ethnische Gruppe in Namibia. Die Himba sind ein traditionelles afrikanisches Hirtenvolk, deren Siedlungsgebiet das Kaokoveld in der Kunene-Region ist.

Hooker Position beim Rugby. Der Hooker (Deutsch „Hakler") versucht beim Scrum den eingeworfenen Ball mit den Beinen für seine Mannschaft zu „hakeln".

Jerry Auch „Jerrie": Deutscher (Namibiadeutsch).

Kaffer Ursprünglich vom arabischen „Käfir“ für „Ungläubige“ abgeleitetes Schimpfwort für einen schwarzen Menschen. Der Gebrauch ist in Namibia und Südafrika verboten.

Kameldorn Kameldornbaum (Acacia erioloba). Als hoher Baum wachsende Akazie mit langen Dornen an den Zweigen und markanten leicht pelzigen, halbmondförmigen Früchten. Das Holz wird als Brennholz und zum Bau von Zäunen genutzt.

Kavango Bantusprachige Ethnie in Namibia. Die Kavango siedeln im Nordosten des Landes, in der Uferregion des Okavango.

Kudu Kudu, Oryx und Springbock sind die Antilopenarten, die man am häufigsten auf dem namibischen Speiseplan findet.

Lapa Ein mit Reet überdachter Außenbereich, unter dem sich oft der Grillplatz befindet. In namibischen Immobilienanzeigen wird dieser Bereich des Hauses oft treffsicher mit „Entertainment Area“ umschrieben.

Lekker Afrikaans für „lecker“ bzw. „gut schmeckend“. Aber lekker ist auch der Film, die neue Freundin, der Abend mit den Freunden.

Lobola Der Brautpreis. In der Kultur vieler Ethnien des südlichen Afrikas muss der Heiratswillige der Familie seiner künftigen Frau einen Brautpreis zahlen, da die Tochter mit der Heirat ihre Familie verlässt und als Arbeitskraft ausfällt. Als Lobola werden oft Rinder oder Ziegen gegeben.

Maats Namibiadeutsch für „Kumpel“ oder „Freund“, aus dem Afrikaansen.

Maherero Samuel Maherero. Mitte des 19. Jahrhunderts geborener und 1923 gestorbener Häuptling und Anführer der Hereros bei ihrem Widerstand gegen die deutsche

Kolonialmacht. Maherero verlor 1904 die entscheidende Schlacht am Waterberg gegen die deutschen Schutztruppen.

Maid Englisch für „Dienstmädchen". Herabsetzende Bezeichnung für schwarze Frauen.

Mevrouw Afrikaans für „Meine Dame". Höfliche Anrede, in etwa wie „Gnädige Frau".

Mieliepap „Maisbrei". Mieliepap ist das Grundnahrungsmittel der meisten eingeborenen Völker im südlichen Afrika.

Meneer Afrikaans für „Mein Herr". Respektvolle Anrede, im Sinne von „Gnädiger Herr".

Mopane Mopanebaum (Colophospermum Mopane). Im nördlichen Namibia weit verbreiteter Baum mit markanten Blättern, die einem Kamel-Fußabdruck oder einem Schmetterling ähneln. Das Holz dient als Brennholz und für den Bau von Hütten und Zäunen.

Mooi Sprich „moi". Namibiadeutsch für „gut". „Du hast da ein mooies Auto gekauft."

Moss Nach dem Afrikaansen "mos" für „doch". Gern gebrauchtes bekräftigendes Füllwort im Namibiadeutsch.

Nama Ethnische Gruppe in Namibia. Die khoisansprechenden Nama, in der Kolonialzeit als „Hottentotten" bezeichnet, wanderten im 18. und 19. Jahrhundert aus der Kap-Region ein.

Oakie Sprich „Ohkie". Namibiadeutsch für den umgangssprachlichen Begriff „Typ". Freundliche Beschreibung für einen Mann. Beispiel: „Das ist ein cooler Oakie."

Oreit Namibiadeutsch für „okay", „in Ordnung". Nach dem Englischen „alright".

Ovambo Größte ethnische Gruppe in Namibia. Die bantusprechenden Ovambo wanderten im 16. und 17. Jahrhundert in das Gebiet des heutigen Namibia ein.

Overlander Zu Reisebussen umgebaute Lkws oder Unimogs. Sie führen meist einfache Campingausrüstungen mit und bieten viel Erlebnis für wenig Geld – allerdings auch wenig Komfort.

Pad Der Weg, die Straße. Ich bin „auf Pad", also „unterwegs" in Namibia.

Padkost Reiseproviant.

Panga Gebogenes Buschmesser, Machete.

Plek Namibiadeutsch für „Platz" bzw. „Ort". Aus dem Afrikaansen.

Pontok Traditioneller Kral mit Rundhütten aus Holzstämmen, Zweigen, Rinde, mit Lehm verschmiert, oft mit Tierhäuten abgedeckt. Der Begriff wird heute auch für die Wellblechhütten der Nama, Damara und Herero verwendet.

Potjie Sprich „Poikie". Afrikaans für „Topf". In einem großen, gusseisernen Topf mit Füßen wird auf offenem Lagerfeuer ein Eintopf gegart. Potjie-Wettbewerbe sind ein beliebtes Freizeitvergnügen im südlichen Afrika.

Rivier Trockenfluss oder Trockenflussbett. Namibische Flüsse sind mit Ausnahme des Kunene, Kavango und Sambesi im Norden und des Oranje im Süden während des ganzen Jahres trocken. Nur während der Regenzeit füllen sich die Riviere innerhalb kürzester Zeit mit Wasser und können zu reißenden Flüssen werden.

San Auch „Buschleute" oder „Buschmänner" genanntes Nomadenvolk. Die San sind die älteste Bevölkerungsgruppe in Namibia und gelten daher als die Ureinwohner des Landes.

Sikkeln Namibiadeutsch für sich abmühen, sich plagen. Nach dem Afrikaansen „sukkel".

Snoek Sprich „Snuuk". Bezeichnung für die „Hechtmakrele". Beliebter Speisefisch, der nur in den Meeren der Südhalbkugel vorkommt.

Squashie Kleiner grüner Kürbis. Deutsch „Rolet-Kürbis". Squashies werden gerne mit Mais gefüllt und überbacken zu gebratenem oder gegrilltem Fleisch gegessen.

Steenbras Der Steenbras, auch „White Steenbras", „Whitefish" oder „Pignose Grunter" genannt, gehört zu den beliebtesten Angelfischen des südlichen Afrikas. Aufgrund von Raubfischerei in den Laichgründen ist sein Bestand mittlerweile gefährdet.

Tsotsi Sprich „Tschotschi". Südafrikanischer Slang für „Strolch" oder „Straßenräuber".

Walvisbay Auch „Walvis Bai" oder „Walvisbaai". Die „Walfischbucht" ist Namibias einziger Überseehafen. Wegen seiner wirtschaftlichen und strategischen Bedeutung gab die südafrikanische Regierung den Hafen zunächst nicht an das unabhängige Namibia zurück. Erst nach dem Ende der Apartheid wurde Walvisbay namibisches Hoheitsgebiet.

Wambo Despektierlicher, umgangssprachlicher Begriff für ein Mitglied der Ovambo-Volksgruppe.

Witbooi Henrik Witbooi, um 1830 geborener, 1905 gestorbener Nama-Häuptling und Anführer im Kampf gegen die deutsche Kolonialmacht. Abgebildet auf vielen namibischen Banknoten.

Wrachies Nach dem Afrikaansen „wraggies" oder „wragtag". Ein bekräftigender Ausruf oder Zusatz, etwa wie „wirklich" oder „unglaublich!"

Dank

Dankbarkeit auszusprechen ist wichtig. Auch das habe ich in Namibia wiederentdeckt. Ich bedanke mich bei den vielen Menschen, die mitgewirkt haben, als dieses Buch entstand.

Nur weil meine zweite Familie und meine Freunde in Namibia mir ihre Liebe und Freundschaft geschenkt und ihre Herzen und Häuser für mich geöffnet haben, konnte dies ein Bericht aus der Mitte des Lebens werden. Ich will hier niemanden herausheben, so kann ich auch keinen vergessen. Wenn ihr dieses Buch lest, wisst ihr, dass ihr gemeint seid. Ihr seid die Helden von „Licht und Schatten in Namibia“ und ich danke euch.

Ich bedanke mich für ihr aufmerksames und kritisches Lesen mit der „deutschen Brille“ bei Dr. Manon Haccius, Amandus Peters, Laetitia und Bent Stohlmann und Jens Waldenmaier. Euer Feedback hat mich viele Klippen umschiffen lassen.

Der junge Verlag Palmato Publishing hat dieses Buch ausgewählt, um seine Reihe mit besonderen Einblicken in ferne Welten zu beginnen. Für mich als Autorin wurde damit ein Traum war. Ich bedanke mich bei allen, die dies möglich gemacht haben. Was für ein Glücksfall, dass ich bei Palmato ein Team gefunden habe, mit dem mich nicht nur die Liebe zu Namibia verbindet. Manuela Herhaus-Leitner, meine Lektorin, hat dem Text in der ihr eigenen, schwungvollen und konstruktiven Art den letzten Schliff gegeben und dabei nach ihren Worten einen spannenden „Urlaub in Namibia“ verbracht. Bei Soraya Kühne und ihrem Paperlux-Team bedanke ich mich für die Kreativität und Begeisterung bei der Titelgestaltung. Bei Brit und Tobias Albrecht für die Freude am Thema und die Genauigkeit und Zuverlässigkeit in der Umsetzung.

Mein ganz besonderer Dank gilt Renate Haussmann, die als erste meine Lust am Schreiben erkannte und fragte: „Wo ist das Buch?“, und Hannah Schreckenbach, die mit ihrer großen Afrikakenntnis das gesamte Projekt begleitet hat. Ich wünsche mir, dass ihr alle weiter an meiner Seite seid, wenn die Fortsetzung kommt.

Anna Mandus

MEHR VON ANNA MANDUS

Anna Mandus

Licht und Schatten in Namibia 2

Mehr vom Alltag in einem Traumland

Rund 30 Jahre ist Namibia unabhängig. Wie sieht es dort heute aus – abseits der Touristenpfade? Ist Namibia auch für die Namibier ein Traumland?

Nach dem erfolgreichen ersten Band mit Geschichten aus dem namibischen Alltag hat Anna Mandus wieder einen bunten Mix von Stories zusammengestellt und berichtet über die kleinen und großen Fragen, die die Menschen bewegen: über Hilfsprojekte und wahre Heldinnen, über das Leben mit der Dürre und die Landreform, über Musik, Müll, soziale Medien und Migration, über Wohnungsnot, Wassermangel und warme Kleidung, über Straßensperren, Schulen und Stars für eine Nacht und natürlich auch über die wahre Bedeutung des Sundowners.

In der für die Autorin typischen Mischung aus humorvollen erlebten Geschichten und recherchierten Fakten bietet das Buch einen guten Einblick in die namibische Gesellschaft für alle, die sich für dieses Traumland interessieren, die es schon bereist haben oder die sich auf eine Reise dorthin vorbereiten.

Mehr Informationen unter: www.palmato-publishing.com

Anna Mandus

Oppikoppi

Auf Safari in Namibia

Gibt es ein Rezept, um sich innerhalb von 24 Stunden in Namibia zu verlieben? Man nehme eine Wander-Safari zu Namibias touristischen Highlights. Hinzu füge man eine jobmüde Journalistin, zwölf Mitreisende, von denen mindestens einer ein Geheimnis hat, und einen zu allem entschlossenen Reiseleiter. Als Nächstes werden Löwen, Hippos und unzähmbare Touristen dazugegeben. Danach Buschmänner, Wilderer und Waisenkinder vorsichtig unterheben. Abgeschmeckt wird das Ganze mit einer Messerspitze Drama und einer Prise Romantik.

Das Ergebnis ist eine unterhaltsame Safari durch den namibischen Busch, auf der der Leser nicht nur Namibias Naturschönheiten kennenlernt. Anna Mandus hat viele Anekdoten über die Menschen und Tiere Namibias und ihre Besucher aus Europa unter die Geschichte gemischt und bietet so eine kurzweilige und informative Reiselektüre oder das richtige Rezept für eine Sehnsuchtsreise auf dem eigenen Sofa.

MEHR NAMIBIA BEI PALMATO

Erika von Wietersheim

Guten Morgen, Namibia!

Eine Farm, eine Schule und unser Weg von der Apartheid zur Unabhängigkeit

In dieser biografischen Erzählung nimmt uns Erika von Wietersheim mit in die Zeit von 1976 bis zur Verabschiedung der ersten Verfassung für das unabhängige Namibia am 21. März 1990. Es ist die Geschichte einer zweifachen Emanzipation: Die junge, im Studium in Südafrika liberal geprägte Namibierin kommt auf die Farm ihrer Schwiegereltern in ein traditionelles, von der Apartheid bestimmtes Gefüge. Was kann sie tun, um ihren Teil beizutragen zu einem gerechteren Miteinander der Völker und zu besseren Zukunftsperspektiven für die durch Kolonialisation und Apartheid unterdrückten Menschen? Bildung heißt ihre Antwort, und so baut sie – zunächst ohne jede Unterstützung – eine Farmschule auf und begibt sich damit auf einen Weg, der sie mit vielen zentralen Personen der namibischen Unabhängigkeitsbewegung zusammenführt. Die Autorin verwebt kunstvoll Beschreibungen ihres Lebens auf der Farm mit politischen Hintergründen und Bewegungen, gibt uns Einblicke in die Kultur der dort ansässigen Volksgruppe der Nama, lässt uns die Höhen und Tiefen des Farmalltags erleben und zeigt, dass es auch in der weißen namibischen Bevölkerung die Bestrebungen nach einer gerechten und selbstbestimmten Gesellschaft gab.

Erika von Wietersheim

Nur 24 Zeilen

Eine wahre Geschichte über den Krieg, die Liebe und den langen Weg zurück nach Afrika

Kapstadt 1939. Am Vorabend des Zweiten Weltkriegs lernt der junge deutsche Austauschlehrer Kurt Falk Hildegard Mereis kennen – und verliebt sich auf den ersten Blick. Nur zwei Tage später reist er Hals über Kopf ab, um der drohenden Internierung zu entkommen. Auf seiner abenteuerlichen Flucht Richtung Norden gerät Kurt jedoch schnell in den Strudel des Krieges: Er wird gefangen genommen, überlebt nur knapp die Torpedierung des Transportschiffs und landet nach vielen Zwischenstationen schließlich in einem australischen Internierungslager, während Hildegard in Kapstadt ihren Weg allein finden muss. Keiner der beiden ahnt, dass es zehn Jahre dauern wird, bis sie sich wiedersehen. Zehn Jahre, in denen sie sich nur Briefe schreiben können.

Die in Namibia geborene Journalistin und Autorin Erika von Wietersheim hat die wahre Geschichte ihrer Eltern aus mehr als hundert erhaltenen Briefen rekonstruiert, in den zeitgeschichtlichen Zusammenhang gestellt und daraus eine spannende und berührende Erzählung verfasst.

Erika von Wietersheim

Aus-Zeit

Mit Mozart und den Buschleuten in der Namib

»Hape Kerkeling sagte einfach: ›Ich bin dann mal weg‹, als er einen Monat durch Spanien pilgerte, auf dem Jakobsweg. Dasselbe sage ich jetzt auch, obwohl ich nicht wandern, sondern an einem Ort bleiben werde. Auf einer Farm in einer menschenleeren Landschaft, in der Nähe des Wüstendorfes Aus, 750 Kilometer südlich von Windhoek. Aus-Zeit. Kein Refugium, kein Martyrium, nur raus aus dem gewohnten Trott und mich einer neuen Erfahrung an einem unbekannten Ort stellen. Der Erfahrung, vier Wochen lang meine Tage zu füllen mit mir selbst, den Geschichten, die ich schreiben will, und dem, was mir in dieser Landschaft begegnen wird ...«

Um die Lebens- und Liebesgeschichte ihrer Eltern zu schreiben, zieht sich Erika von Wietersheim in die Namib zurück. Dort erlebt sie mit allen Sinnen die Stille und Unberührtheit der Gegend und nimmt uns mit auf eine poetische Reise in die Natur, die Vergangenheit und – nicht zuletzt – zum eigenen Ich. Aus-Zeit ist eine poetische Liebeserklärung an die Wüste, die Einsamkeit und die Überlieferungen der Ureinwohner, die man immer wieder lesen möchte.

Hannah Schreckenbach

Herzensheimat Ghana

Erinnerungen an ein Land im Aufbruch

Ghana, die ehemalige Goldküste, wurde als erste afrikanische Kolonie unabhängig. 22 Jahre lebte die Autorin dort und arbeitete für den jungen Staat. Neugierig auf alles Unbekannte, lernte sie schnell, wie Ghana wirklich tickt – und hielt diese heute fast vergessene Welt in Skizzen, Fotos und Notizen fest. In einem launigen Reigen von Alltagsbeobachtungen erzählt sie von großen und kleinen Begebenheiten wie ein westafrikanischer Geschichtenerzähler, der Griot, es in seiner mündlichen Überlieferung tun würde: vom Ghanaischen »Knigge« und der Esskultur, vom Highlife-Tanzen und dem Polospiel, von Goldschmieden und Sargkünstlern. Wir erleben mit ihr die Euphorie in den Anfangsjahren nach der Unabhängigkeit, aber auch vier grausame Militärputsche und die Talfahrt des Landes. Wir lesen von warmherzigen Menschen, von den Höhen und Tiefen des Lebens, werfen einen Blick auf Ghanas großartige und vielschichtige Kultur und folgen am Ende der Frage: Quo vadis, Ghana?

Mit 70 Skizzen der Autorin und 16 Seiten Bildteil

Hannah Schreckenbach

Sehnsuchtsland Namibia

Reiseerlebnisse einer Afrikakennerin

In den Magdeburger Bombennächten des Jahres 1944 beginnt die Sehnsucht eines kleinen Mädchens nach Namibia; ein Buch über eine Kinderfarm im damaligen Deutsch-Südwest hilft ihr, den Schrecken um sie herum für einige Momente zu vergessen. Zwar führt ihr Beruf sie zunächst für mehr als zwanzig Jahre nach Westafrika, doch Hannah Schreckenbach verliert ihr Ziel nicht aus den Augen: das Sehnsuchtsland ihrer Kindheit zu bereisen. 1992 ist es zum ersten Mal so weit und in den nächsten zwei Jahrzehnten erforscht die zur »Old Africa Hand« gereifte Architektin, Dozentin und GTZ-Beraterin immer wieder den Wüstenstaat im südlichen Afrika.

In Sehnsuchtsland Namibia schildert sie ihre persönlichen Eindrücke und Erlebnisse und kommentiert Gegenwart und Zukunft Namibias vor dem Hintergrund ihrer Erfahrungen in anderen afrikanischen Staaten. Sie beobachtet in Namibia ein afrikanisches Entwicklungsland, mit all seinen Erwartungen, Hoffnungen, Gegensätzen und Schwierigkeiten.

Mit 80 Skizzen der Autorin

Frank Gschwender (Text) & Josef Madisia (Bilder)

ONDJAMBA UND SEIN GROSSER FREUND

Eine Geschichte aus der Wüste Namibias

Der junge Elefant Ondjamba wächst und wächst und wird schließlich so groß, dass seine Herde ihn aus Befremdung und Angst verstößt. Er wandert durch die namibische Steppe und die Wüste bis ans Meer, wo er einen neuen Freund findet, einen Wal.

Ondjamba und sein grosser Freund ist ein modernes afrikanisches Märchen. Eine Geschichte für Kinder und Erwachsene über das Anderssein und die Freundschaft und damit über eines der zentralen Themen für Kinder – und besonders im Hinblick auf unsere aktuelle gesellschaftliche Situation für Leser aller Altersgruppen. Josef Madisias farbfrohe Bilder ziehen Leser und Betrachter in ihren Bann und versetzen sie in die afrikanische Steppe.

Damit ist das aufwendig gestaltete und verarbeitete Buch ein wunderbares Geschenk für die Kleinen in der Familie, mit dem Eltern, Großeltern, Paten und Freunde von ihrem Traumziel und ihren Erlebnissen dort erzählen können.